Revelaciones místicas recibe el Imprimátur de la Iglesia cuando ellos son juzgados para estar en línea con la doctrina y la moral católica. Un Imprimátur en latín significa "dejar que se imprima". Estas revelaciones están destinadas a rellenar los espacios dejados en la Biblia debido a la censura en los primeros días de la fé cristiana y también debido a los errores de traducción. Revelan las cosas que sucedieron tal y como sucedieron. Ellos no están destinados a sustituir a la Biblia.

En esta serie

La Llena de Gracia: Los Primeros Años

La Llena de Gracia: El Mérito

La Llena de Gracia: Pasión de Joseph

La Llena de Gracia: El Ángel Azul

La Llena de Gracia: La Infancia de Jesús

Lamb Books

Adaptaciones ilustradas para toda la familia

LAMB BOOKS

Publicado por Lamb Books, 2 Dalkeith Court, 45 Vincent Street, London SW1P 4HH;

Reino Unido, EE.UU. FR, IT, ES, DE

www.lambbooks.org

Publicado por primera vez por Lamb Books 2013

Esta edición

001

Texto copyright @ Lamb Books Nominado, 2013

Ilustraciones autor @ Lamb Books, 2013

El derecho moral del autor e ilustrador ha afirmado

Reservados todos los derechos

El autor y editor Agradecemos al Centro Editoriale Valtoriano en Italia para el permiso para citar el Poema del Hombre-Dios por María Valtorta, por Valtorta Publishing

Situado en Bookman Antiguo

Impreso en el Reino Unido por CPI Group (UK) Ltd, Croydon, CR0, 4YY

Salvo en los EE.UU., este libro se vende con la condición de que no será, con carácter comercial o no, ser objeto de préstamo, reventa, alquiler, o distribuido de otro modo sin el consentimiento previo del editor, en cualquier forma de encuadernación o cubierta que no sea aquel en el que se publica y no una condición análoga, incluida esta condición que se imponga en el futuro comprador

ISBN: 978-1-910201-43-5

La **Llena**
de
Gracia

El Ángel Azul

LAMBBOOKS

Agradecimientos

El material de este libro es una adaptación de la Mística Ciudad de Dios, Sor María de Jesús de Agreda, que recibió el Imprimátur en 1949 y también del El Poema del Hombre Dios (El Evangelio según lo revelado a mí), aprobado por primera vez por el Papa Pío XII en 1948, cuando en una reunión el 26 de Febrero de 1948, presenciado por otros tres sacerdotes, ordenó a los tres sacerdotes presentes "Publicar este trabajo, tal como es". En 1994, el Vaticano hizo caso a las llamadas de los cristianos en todo el mundo y han comenzado a examinar el caso de la Canonización de Maria Valtorta (Pequeño Juan).

Todavía continúa siendo objeto de mucha controversia, racional y política, al igual que muchas grandes obras. Sin embargo, la fé no está sujeta al racionalismo ni a la política.

El Poema del Hombre Dios fue descrito por el confesor de Pío "como edificante". Las revelaciones místicas han sido durante mucho tiempo jurisdicción de los sacerdotes y los religiosos. Ahora, están al alcance de todos. Que todos los que lean esta adaptación, que combina partes de la Mística Ciudad de Dios y el Poema del Hombre Dios, también lo encuentren edificante. A través de este punto de vista, la fé puede ser renovada.

Gracias especiales al Centro Editoriale Valtortiano en Italia por su autorización para citar el Poema del Hombre Dios por María Valtorta, llamada también Pequeño Juan.

Dado que no puedo añadir nuevo material a estas historias, he optado por permanecer en el anonimato.

"De la sangre virginal y corazón de María, el Supremo Regalo de Amor: Jesús La Eucaristía.

María, 4 de Junio, 1953

Ilustraciones de Susan Conroy

EL EDICTO DE CENSO	9
EL VIAJE A BELÉN	15
EL NACIMIENTO DE JESÚS	26
LA ADORACIÓN DE LOS PASTORES	40
LA CIRCUNCISIÓN	55
LA VISITA DE ZACARÍAS	62
LA PRESENTACIÓN DE JESÚS EN EL TEMPLO	70
LA CANCIÓN DE CUNA DE MARÍA	79
LA ADORACIÓN DE LOS REYES MAGOS	84

El Edicto de Censo

María ha estado sentada en su habitación de enfrente, trabajando en algún lino blanco, pero la luz verdosa que entra por la puerta del jardín está oscureciendo entonces Ella deja su trabajo y se pone de pie para encender una lámpara y cerrar la puerta.

Ella está ahora pesadamente embarazada, con un gran abdomen. Pero sigue siendo muy hermosa, como la luz en sus pies como una mariposa y llena de dignidad y gracia.

Su rostro ha madurado de aquella niña inocente y calma que era en el momento de la Anunciación, a la mujer tranquila y dulcemente real, que ha llegado a su plena perfección en la maternidad, sino que ahora es más delgada, con los ojos más grandes y más reflexivos y esta nueva cara delgada guardará para siempre, eternamente joven, nunca sabra de la vejez o la corrupción de la muerte. Treinta y tres años a partir de ahora, cuando su hijo sea torturado y crucificado, Su dolor le hará temporalmente parecer mayor, como un velo echado sobre su belleza incorruptible. Pero cuando vea a su Hijo resucitado, el velo de la edad será lanzado fuera de una vez por todas como cuando ella bese sus heridas, Ella beberá el bálsamo de la juventud, que anulará la acción del tiempo. Y así, una vez más, Ella se convertirá en la perfecta María fresca como lo es ahora, como un ángel, sin envejecer y para siempre reflejando la eterna juventud y la eterna presencia de Dios. Un ángel azul.

José, al regresar de un mandado, entra por la puerta principal y María levanta su cabeza y sonríe dulcemente.

José también sonríe pero en el fondo, parece preocupado y María detecta esto y lo mira de cerca.

Ella se levanta y toma el manto que José lleva puesto, lo dobla y lo deja en un cofre. José se sienta a la mesa, apoyando el codo en ella y su cabeza en su mano. Distraído, se riza y peina la barba con la mano libre.

"¿Hay algo que te preocupa? pregunta María "¿Puedo ayudarte?"

-Siempre me consuelas, María. Pero esta vez, tengo un gran problema... que te concierne.

'Yo, José. ¿Qué es?'

"Han publicado una orden oficial de Augusto César en la puerta de la sinagoga de ordenar el censo de todos los palestinos. Todo el mundo debe ir a registrarse en su lugar de origen y pagar su impuesto local. Tenemos que ir a Belén...'

'¡Oh!' exclama María, poniendo una mano sobre su pecho agrandado.

"¿Es un shock no es así? Y triste, ¡lo sé!"

'No, José. Eso no es todo. Pienso ... Pienso en las Sagradas Escrituras que dicen.... "Pero tú Belén, Efrata, la menor de las familias de Judá, de ti nacerá el Gobernante". El gobernante prometido a la Casa de David. Él nacerá allí..."

'¿Crees ... crees que ya es tiempo? ... ¡Oh! ¿Qué vamos a hacer?' José le pregunta consternado, mirando a María con ojos lastimeros.

Al darse cuenta lo molesto que debe ser para José, María sonríe tranquilizadora y dice: "Yo no sé, José. Mi tiempo está muy cerca, pero el Señor podría retrasarlo para aliviarte de esta preocupación. Él puede hacerlo todo. No tengas miedo'

'¡Pero el viaje! ... Piensa en las multitudes. ¿Vamos a encontrar alojamiento? ¿Vamos a volver a tiempo? Y si ... si vas a ser madre allí, ¿qué vamos a hacer? No tenemos una casa allí ... nosotros no conocemos a nadie más.

'No tengas miedo, todo va a estar bien. Dios encuentra refugio para el animal a punto de dar a luz. ¿Crees que no va a encontrar uno para su Mesías? Confiamos en él ¿no? Siempre.... y en el más duro juicio, más confiamos. ... Él es nuestro guía y dependemos totalmente de Él ... considera cómo Él nos ha guiado con amor hasta el momento.... mejor que incluso el mejor de los padres.... somos Sus hijos y sus siervos. Cumplimos Su voluntad.... este orden es su voluntad ... y César es sólo un instrumento de Dios, y los eventos están predispuestos de manera que su Cristo pueda nacer en Belén....

... Belén, la ciudad más pequeña de Judá todavía no existía y su gloria ya estaba destinada... - y ahora, cuando el mundo está en paz, se llevará a cabo la Gloria de Belén y la palabra de Dios se hará realidad.

.. ¡Oh, cuán pequeños son nuestros problemas si tenemos en cuenta la belleza de este momento de paz! Basta pensar, José: ¡un momento en que no hay odio en el mundo! ¿Puede haber un mejor momento para el nacimiento de la "Estrella", la luz divina de la redención?... No tengas miedo, José. Si los caminos no son seguros... si las multitudes hacen el viaje difícil, los ángeles nos defenderán y protegerán. No a nosotros; pero si a su rey.

... si no encontramos alojamiento, las alas serán nuestras tiendas de campaña. Ningún peligro nos sobrevendrá. No puede: Dios está con nosotros".

José se anima mientras escucha a María y las arrugas de su frente se suavizan. Se re-energiza, sonríe y dice: "¡Bendita eres Tú, sol de mi alma!" Bendita tú eres porque ves todo a través de la Gracia de la cual Tú estás llena! No perdamos más tiempo entonces. Tenemos que salir tan pronto como sea posible con el fin de volver tan pronto como sea posible porque todo está listo aquí para el ... para la ... "

'Para nuestro hijo José. Por lo tanto, él debe estar en los ojos del mundo, recuérdalo. El Padre ha cubierto su venida con un velo de misterio y no debemos levantar ese velo. Jesús lo hará cuando llegue el momento..." y el rostro de María irradia luz, belleza y dulzura cuando Ella dice el nombre "Jesús".

Y entonces se dedicaron a hacer los preparativos para su viaje a Belén, que tomaría cinco días. Prepararon algunas verduras, algo de fruta y algunos peces para llevar con ellos. José va en busca de dos burros para llevarlos en el viaje, pero es un tiempo muy ocupado en toda Palestina y después de mucha indagación, sólo encuentra un pequeño burro. María, siendo plenamente consciente de las profecías de que el Redentor nacería en Belén, también lleva con ella un par de sábanas y ropa necesaria para el parto. Después de haber acordado una fecha para su partida, dejan su hogar a cargo de un vecino y se dirigen a Belén.

El Viaje a Belén

Es un día de invierno tranquilo. El cielo está despejado y el frío, es agudo. En la calle principal, hay pequeños burros por todas partes, muy cargados con personas y sus pertenencias, algunos van en una dirección, otros en la dirección opuesta. Las personas acomodan sus monturas, tratando de darse prisa, también para mantener el calor.

Vientos de invierno han helado el pasto corto en las pasturas y la region de colinas desnudas ondulando en todas las direcciones que ahora parece más amplias. Las ovejas en los pastos de pie juntas para protegerse del frío y mientras buscan pasto, también miran hacia el horizonte en el sol elevándose lentamente, levantando la cabeza y balando como diciendo "aparece rápido, porque hace frío".

El camino pasa por el centro de valles y laderas, en dirección este hacia el sur.

María lleva un velo blanco, un vestido largo azul profundo que llega a sus pies y está envuelta en un manto de lana azul oscuro pesado, sentada de lado sobre un burrito con su pequeño baúl en frente de la silla de montar.

José está sosteniendo las riendas y camina a su lado. Invisible a los ojos humanos, van acompañados, custodiados y defendidos por todas partes por un escuadrón de diez mil ángeles designados por Dios mismo, visibles en forma humana a María y muchos otros que sirven como embajadores y mensajeros del Padre Eterno y de Su Unigénito, en el Vientre de su Madre.

Debido a que se ven pobres, se les trata mal y se les da escasa hospitalidad en las tabernas y posadas en las que buscan refugio durante su viaje de cinco días, la gente a menudo es grosera con ellos. En algunos lugares, se les niega la entrada. En otros casos, se les da un pequeño rincón en el pasillo o en un lugar peor. Pero dondequiera que se quedan, los ángeles forman un tribunal impenetrable alrededor de ellos. Debido a que están tan bien protegidos, María a menudo, insta a José a tratar de descansar un poco y él lo hace. Y cada día, se acercan más a Belén.

'¿Estás cansada? José le pregunta a María de vez en cuando a medida que se acercan a la última etapa de su viaje.

'No, no lo estoy" responde Ella cada vez. Y de vez en cuando, agrega 'Tú debes estar cansado de caminar'

'Oh! ¿Yo? No es nada para mí ... si hubiera encontrado otro burro, Tú hubieras viajado más cómoda y habríamos viajado más rápido.... pero no te preocupes.... pronto estaremos en Belén. Efrata está más allá de la montaña'.

Viajan en silencio. María parece concentrarse en la oración, de vez en cuando, ella sonríe suavemente en sus pensamientos. Ella mira a la multitud, sin ver.

El viento se levanta.

"¿Tienes frío? ' pregunta José.

'No, gracias.'

José toca Sus pies, calzados con sandalias y ocultos bajo su largo vestido. Sacude la cabeza y luego toma la manta de sus hombros y la pone en sus piernas, envolviendo sus brazos y pies.

Continúan viajando y conocen a un pastor llevando su rebaño de las zonas de pastoreo en el lado derecho del camino a la izquierda. José se detiene y se inclina, le susurra algo al pastor que asiente con la cabeza. Entonces José lleva el burro a la tierra de pastoreo siguiendo al pastor.

El pastor ordeña una oveja con ubres hinchadas en un tazón y le da la taza a José que se la ofrece a María. "Que Dios los bendiga a ambos!" exclama María por su amor y por su amabilidad. 'Voy a orar por ti. '

'¿Vienen desde lejos?, pregunta el pastor.

'De Nazaret, responde José.

¿Y a dónde van? ', pregunta el pastor nuevamente.

'Para Belén. '

'Un largo viaje para una mujer en su condición. ¿Es Ella tu mujer? '

-Sí, lo es. "

'¿Tienen un lugar para quedarse?

'No, no tenemos'.

-¡Eso es malo! Belén está lleno de personas que han venido de todas partes para registrarse allí, o están en camino de registrarse en otros lugares. No sé si encontrarán alojamientos. ¿Están familiarizados con el lugar? ', pregunta el pastor.

-No mucho."

'Bueno.... voy a explicarte a ti ... por Ella..." añade, señalando a María. "Encuentran el hotel, pero que estará lleno. Pero te diré lo mismo, para guiarte. Está en la plaza grande y este camino te llevará a el. Es un edificio bajo y alargado, con una gran puerta. Pero va a estar completo.... dice otra vez. "... si tú no encuentras espacio en el hotel o en cualquiera de las casas, da la vuelta por la parte trasera del hotel, hacia el campo. Hay algunos establos en las montañas que los comerciantes utilizan a veces para sus animales, son húmedos y fríos y no hay puertas. Pero son refugio porque su esposa ... Ella no puede quedarse en el camino. Tú puedes encontrar un lugar allí ... Y un poco de heno para dormir y para su burro. 'Que Dios os guíe'.

"Y que Dios os de alegría", dice María.

"La paz sea contigo", dice José.

Reanudan su viaje y suben a la cima de una colina desde la que se puede ver un valle más amplio rodeado de laderas llenas de casas. Belén.

Son las cuatro de la tarde en el quinto día de su viaje, un sábado, cuando llegan a Belén. Debido a que es el solsticio de invierno, el sol ya empieza a hundirse.

"Aquí estamos en la tierra de David de María. Ahora, tú podrás descansar. Te ves tan cansada... "

'No. Estaba pensando... Creo que... 'María toma la mano de José y dice con una sonrisa de felicidad', Realmente creo que ha llegado el momento".

'¡Oh Señor Misericordioso! ¿Qué vamos a hacer? '

'No tengas miedo José. Estate alerta. ¡Mira lo calmada que estoy!'

'Pero tú debes estar sufriendo mucho'.

'¡Oh! No. Yo estoy llena de alegría. Una alegría tan grande, tan hermosa y tan incontenible que mi corazón late y da golpes y susurrando me dice que: "¡Él viene Él viene En cada latido del corazón, es mi niño llamando a mi corazón y deciendo:" Madre, yo estoy aquí y yo voy a darte el beso de Dios. "¡Oh, qué alegría mi querido José!"

Pero José no está contento.... piensa en la necesidad urgente de encontrar refugio y acelera su ritmo. Él va de puerta en puerta pidiendo habitación pero están llenos. Llaman a las puertas de los viejos amigos, amigos de amigos, todos sus familiares y extraños, pero donde quiera que van, no hay espacio. En algunos, sólo reciben duras palabras. Otros simplemente cierran las puertas en sus narices. Y mientras tanto, María, en estado de embarazo y rodeada por un escuadrón de diez mil ángeles y mensajeros, sigue a José, yendo de casa en casa y de puerta en puerta. En su búsqueda, se pasan el registro público en el que escriben sus nombres y pagan sus impuestos.

Llegan al hotel, pero lo encontraron tan lleno que incluso los porches exteriores están llenos de campistas.

José deja a María en el burro en el interior del patio y va en busca de espacio en las otras casas, pero regresa desanimado. El crepúsculo de invierno está empezando a extender sus sombras.
José le implora al hotelero.

Él le implora a algunos viajeros.

Señala que todos son hombres sanos. Que hay una mujer a punto de dar a luz a un niño.

Les ruega que tengan misericordia.

Nada.

Son las nueve cuando José regresa con el corazón triste por María. Con todo, han suplicado a cincuenta lugares diferentes, rechazados y enviados lejos de todos ellos.

Un rico Fariseo los mira con desprecio y cuando María se acerca, se hace a un lado evitándola como si fuera un leproso.

José mira al Fariseo y se sonroja con desdén. María pone su mano en su muñeca 'No insistas' dice Ella con calma: "Vamos, Dios proveerá".

Los ángeles están asombrados por la maldad de los hombres y aún más lleno de admiración por la paciencia y la mansedumbre de la Virgen modesta expuesta en su estado y a su edad a la mirada pública. Es a partir de este momento, que Dios comienza a honrar a la pobreza y la humildad entre los hombres.

Salen y alrededor de la pared del hotel, en una estrecha calle entre el hotel y algunas casas pobres y luego redondeando la parte trasera del hotel buscan los establos. Ellos encuentran algunas grutas bajas y húmedas, que más parecen bodegas pero los mejores están ocupadas.

"¡Hey! ¡Galileo!' grita un anciano' ahí abajo al final, en esas ruinas, hay una guarida. Todavía puede estar libre"

Se apresuran a la guarida, que está fuera de la muralla de la ciudad y encuentran un agujero en las ruinas de un edificio antiguo que conduce a una excavación en la montaña, está en los cimientos de la antigua construcción. El techo es de escombros soportado con troncos de árboles en bruto y casi no hay luz.

José saca la yesca y el pedernal y enciende una lámpara de su bolsa.

Al entrar en el agujero, es recibido por el rugido de un buey.

-Pasa María, dice José sonriendo. 'Sólo hay un buey .... ¡Es mejor que nada! '

María desmonta del burro y entra.

José cuelga la lámpara en un clavo en uno de los troncos de apoyo. Hay telarañas por todas partes. La tierra destartalada está llena de basura, agujeros, excrementos y paja. Desde la parte trasera, un buey, con paja colgando de su boca, vuelve su cabeza y mira ligeramente con grandes ojos tranquilos.

Hay un asiento duro con dos grandes piedras en un rincón cerca del agujero, ennegrecidas con hollín.
María tiene frío. Ella se acerca al buey y pone sus manos en su cuello. El buey parece entender y brama pero no se mueve.

El buey está comiendo heno desde el nivel más bajo de un pesebre de dos niveles. Y cuando José empuja suavemente el buey de lado para obtener heno de la grada superior para hacer una cama para María, el buey se mantiene en calma y tranquilo.

Luego, el buey hace espacio para el pequeño burro que, cansado y hambriento, se pone a comer a la vez. José encuentra un cubo abollado hacia arriba y lo utiliza para sacar agua de un arroyo fuera para el burro.

Luego encuentra un manojo de ramitas en un rincón y los utiliza para barrer el piso. A continuación, él separa la paja para hacer una cama cerca del buey, en el abrigo, en el rincón seco. Luego encuentra que el heno está húmedo por lo que suspira, enciende un fuego y con la paciencia de Job, seca el heno, un puñado a la vez, sosteniéndolo cerca del fuego.

María, cansada, está sentada en el taburete. Ella mira y sonríe.

Cuando el heno está seco Ella se mueve hacia él y se sienta más cómoda en el heno blando, con la espalda contra uno de los troncos de apoyo. José cuelga su manto como una cortina sobre el agujero que es una puerta. Luego ofrece un poco de pan y queso a María y un poco de agua de un frasco.

'Duerme ahora', dice José, 'voy a sentarme y ver el fuego... hay un poco de madera, afortunadamente. Esperemos que se queme, y por último que podamos guardar el aceite para la lámpara."

María se acuesta con obediencia y José la cubre con su manto y la manta.

'Y qué pasará contigo... tendrás frío'.

'No, María. Voy a estar cerca del fuego. Trata de descansar. Las cosas serán mejores mañana. "

María cierra los ojos.

José se sienta en el taburete junto al fuego con un poco de brotes - bien pocos - cerca de él.

María está durmiendo en el lado derecho, de espaldas a la puerta, medio oculto por el tronco del árbol y el buey, ahora acostado en su litera.

José está cerca de la puerta, en el lado izquierdo, de cara al fuego, de espaldas a María.

 De vez en cuando, él se da la vuelta para ver cómo está Ella y la ve tendida en silencio, tal vez dormida.

Él rompe los brotes sin hacer ruido, uno a la vez y los arroja en el fuego para que duren y para luz y calor. La lámpara no está fuera y hay sólo la tenue luz del fuego que a veces se hace más brillante o más tenue. En la media luz, sólo la blancura del buey y de la cara y las manos de José se pueden ver.

El Nacimiento de Jesús

María se despierta y mira a donde José está sentado en el taburete junto al fuego moribundo, con la cabeza inclinada sobre su pecho, dormitando. Ella le sonríe, se sienta y luego se arrodilla y comienza a rezar con los brazos estirados hasta casi la forma de una cruz, spero un poco hacia delante, con las palmas hacia arriba, con el rostro en éxtasis. Permanece en esta posición durante algún tiempo y luego ella misma se postra con el rostro sobre el heno en una oración más ferviente.

José despierta y lanza un puñado de brezo muy delgado en el fuego para revivir las llamas a lo que añade algunas ramas y palos. Es una noche muy fría de mediados de invierno y es cerca de la medianoche, más fría aún a causa del frío que se filtra desde las ruinas desiertas fuera de su cueva.

Cerca de la puerta donde está sentado, José debe obtener lo peor de todo y él calienta primero sus manos sobre el fuego y luego se quita las sandalias y calienta sus pies.

Luego mira a la esquina de María, pero él no puede ver nada, ni siquiera su velo blanco sobre el heno. Se levanta y se dirige hacia la tarima.

'¿No estás durmiendo María?, le pregunta pero María no le oyó. Le pregunta una segunda y luego una tercera vez antes de que Ella se de vuelta y le responda "estoy orando".

"¿Necesitas algo?

'No, José.

'Trata de dormir un poco. Por lo menos, tratar de descansar'.

'Voy a tratar. Pero yo no me canso de orar'.

'Que Dios esté contigo, María'.

"Y contigo, José.

María misma se postra de nuevo como antes y José se pone de rodillas junto al fuego y reza con las manos en la cara. De vez en cuando, las quita para alimentar el fuego y luego vuelve a su ferviente oración. La cueva está ahora en silencio, solo se sienten el crepitar del fuego y el estampado ocasional de los cascos del burro. José, todavía tratando de animar el fuego con las manos sobre su rostro, se vuelve embelesado y entra en éxtasis.

Un fino rayo de plata sobrenatural se arrastra a través de una grieta en la cueva, que extiende su hoja como la luna se eleva en el cielo. Cuando llega a María, forma un halo de luz puro en su cabeza. Son las once de la noche del sábado.

María escucha una fuerte llamada del Altísimo, levanta la cabeza y luego se pone de rodillas otra vez. Entonces Ella levanta su cabeza y su cara brilla en la luz de la luna blanca, transfigurándose, con una sonrisa en su rostro, Ella está en éxtasis. En su éxtasis, ha sido informada de que el tiempo del nacimiento ha llegado y se renuevan todos los conocimientos acerca de la Divinidad y la humanidad de su Hijo, que Ella ya ha recibido de antes y durante los nueve meses de su embarazo. Entonces Ella recibe los nuevos conocimientos sobre la manera en que se procederá con el Nacimiento y nueva luz y gracia sobre cómo llevar a cabo dignamente su servicio hacia y adoración de Su Hijo, el Todopoderoso ordena que Ella lo trate como el Hijo del Padre Eterno y al mismo tiempo, como al Hijo de su vientre.

Y la luz en torno a Ella crece más y más brillante a medida que los ángeles se hacen visibles en la luz blanca de la perla, preparándose para el nacimiento del Hijo de Dios. Pero parte de la fuente de luz viene del cielo mismo, tal vez desde el Trono de Su Majestad ante quien Ella se arrodilla en éxtasis y también de los ángeles mensajeros.

Pero la luz más brillante de todas parece venir desde dentro de Ella.

Su profundo vestido azul ahora inundado de luz blanca brillante parece azul pálido de no olvidar.

Sus manos y su cara son de color azul claro, como estuvieran bajo el resplandor de un enorme zafiro pálido.

Y entonces la clara tonalidad azul se extiende en sí en las cosas alrededor de ella, cubriéndolas, purificando y aclarando todo como si el paraíso mismo hubiera descendido a la pequeña cueva.

Ella está en éxtasis durante una hora y en el momento en que se da cuenta, Ella percibe y siente que su Hijo comienza a moverse y liberarse a sí mismo de su seno, pero no hay contracciones y Ella no siente ningún dolor, sólo alegría y felicidad y el placer que eleva su alma hasta alturas que superan con creces cualquier éxtasis que Ella haya experimentado hasta ahora, Ella parece ya no ser completamente una humana, sino un ser enteramente espiritualizado.

La luz del cuerpo de María se hace más fuerte, la absorción de la luz de la luna y la luz que desciende del cielo, para que María se convierta en la Depositaria de toda la luz. Es la Luz que Ella está a punto de dar al mundo, la incontenible, inmensurable, la Luz Divina Eterna. Primero, una estrella se levanta en la mañana. Luego un coro de puntos de luz se elevan como una marea, y más como incienso. Y luego descienden como una corriente grande y luego se extienden como un velo...

La bóveda de la cueva que estaba llena de agujeros y telarañas, del que sobresale escombros en precario equilibrio, oscura, llena de humo y llena de estiércol que ahora asume el aspecto de un salón real , cada piedra es ahora un bloque de plata, cada grieta un flash ópalo, cada telaraña un pabellón precioso entretejida con plata y diamantes. Un enorme lagarto verde hibernando entre dos piedras ahora parece una joya esmeralda olvidado allí por una reina. Un grupo de murciélagos que hibernan son ahora una preciosa lámpara del onyx. El heno del pesebre superior, ahora cables de plata pura temblando en el aire con la gracia de cabello suelto.

La madera oscura del pesebre inferior es ahora un bloque de plata bruñida. Las paredes están cubiertas con un brocado en el que la seda blanca desaparece bajo el bordado nacarado del relieve y el suelo es un cristal iluminado por luz blanca, los salientes como las rosas arrojadas en homenaje, agujeros y vasijas preciosas llenas con perfumes y aromas que se levantan y llenan la sala.

Y la luz se hace más brillante todavía. Ahora es tan brillante, que es insoportable para los ojos y María desaparece en tanta luz como si Ella hubiera sido absorbida por una cortina incandescente.....

Dentro de esta cortina de luz, los Arcángeles Miguel y Gabriel pasan adelante y de pie a una distancia respetable de la que María está todavía de rodillas, ayudan en el Nacimiento de Cristo, el Verbo Encarnado que penetra las paredes del vientre por el poder divino, dejando la integridad virginal intacta, la emisión de luz gloriosa, al filo de la media noche se convierte en la mañana del domingo, ya que la luz incandescente blanca, completamente transfigurada tantos años más tarde, él estará en el monte Tabor. Hoy en día, su transfiguración es para María, para que Ella pueda ver a su Hijo, Dios-Hombre, en su gloria, para que pueda entender la reverencia debida a Él, a Quien Ella debe tratar como un Hijo y también como una recompensa por su amor y lealtad, porque sus ojos más puros y castos que se apartaron de todas las cosas terrenales por amor a su Hijo Santísimo. Es recibido con reverencia a los brazos de los dos príncipes angélicos desde donde Madre e Hijo se miran el uno al otro por primera vez y en estas primeras miradas, María es herida con amor, el Corazón de su Hijo.

Entonces desde los brazos de los ángeles y todavía transfigurado, el Niño Jesús le habla a su madre:

"Madre, vuélvete como Yo, desde este día, para la existencia humana que hoy Tú me has dado a Mí, yo te daré otra existencia más elevada en la gracia, absorbiendo Tu existencia como una mera criatura semejante a Mí, que soy Dios y Hombre".

Y la Madre de Dios responde **"Trahe me post Te, curremus in odorem unguentorum tuorum"**. ("Álzame, elévame Señor, y correré detrás de ti en el olor de tus ungüentos").

Y entonces María percibe la presencia de la Santísima Trinidad en la cueva y oye la voz del Padre Eterno diciendo: **"Este es mi Hijo amado, de Quien estoy muy complacido y encantado"**, como él dirá de nuevo en Su bautismo y en el monte Tabor.

Entonces María hace esta solicitud:

'Padre Eterno y exaltado Dios, Señor y Creador del universo, dame de nuevo Tu permiso y bendición de recibir en mis brazos el deseado de las naciones y enséñame a cumplir como Su madre indigna y humilde esclava, Tu santa voluntad. '

Y el Padre Eterno responde:

"Recibe tu Hijo Unigénito, imítalo y críalo. Y recuerda que tú debes sacrificarlo cuando yo lo exija de ti"

'He aquí la criatura de Tus manos; me adornan con tu gracia, para que tu Hijo, y Dios mío me puedan recibir por su esclava. Y si Tú vendrás en mi ayuda con Su Omnipotencia, seré fiel en su servicio, y no será presuntuoso por insignificante criatura que lleva en sus brazos y se nutre con tu pecho, tu propio Señor y Creador.

Después de este intercambio, el Niño divino suspende su transfiguración, suspendiendo y limitando los efectos de su gloria únicamente a su alma y ahora toma la apariencia con capacidad de sufrimiento. De esta forma, María, aún de rodillas, lo adora y luego lo recibe en sus brazos de los brazos de los ángeles.

"Mi dulce amor, luz de mis ojos y Ser de mi alma", dice María a su Hijo "Tú llegas en buena hora a este mundo como el Sol de justicia, para dispersar las tinieblas del pecado y de la muerte! Verdadero Dios del Dios verdadero, salva a tus siervos y deja que todos los que buscan la salvación vengan a ti. Recíbeme como Tu esclava, fortalece mis defectos para que pueda servirte como debo. Hazme, mi Hijo, como Tú deseas que yo sea en Tu servicio".

Entonces María ofrece su Hijo al Padre Eterno diciendo 'Exaltado Creador de todo el universo, aquí está el altar y el sacrificio aceptable a Tus ojos. A partir de esta hora en adelante, oh Señor, mira a la raza humana con misericordia y en la medida en que hemos merecido Tu ira, Ahora es el momento de que Tú seas apaciaguado en Tu Hijo y el mío. Deja a Tu justicia descansar y Tu misericordia exaltar, por causa de esto el Verbo mismo se ha vestido de carne de pecado y llegado a ser Hermano de los mortales y pecadores. En este título, yo los reconozco como hermanos e intercedo por ellos de mi alma más profunda. Tú, Señor, me has hecho la Madre de tu Unigénito sin mi mérito, ya que esta dignidad está por encima de todos los méritos de una criatura, pero en parte lo debemos a los hombres con motivo de esta buena fortuna incomparable ya que está en su cuenta que yo soy el Madre del Verbo hecho Hombre y Redentor de todos ellos. No les negaré mi amor, o bien devolveré mi cuidado y vigilancia para su salvación. Recibe, Eterno Dios, mis deseos y las peticiones de lo que es conforme a Tu placer y buena voluntad".

Entonces la Madre de Dios bendice a todos los hombres diciendo 'Sean consolados vosotros los afligidos, regocijáos corazones rotos, levantaos los caídos, descansaos los cansados. Los justos se alegrarán y los santos se regocijarán. Deja que los ángeles se regocijen, y los profetas y patriarcas del limbo tracen una nueva esperanza y dejen que todas las generaciones alaben y magnifiquen al Señor, que renueva su admiración. Venid vosotros los pobres... y los más pequeños, sin miedo, porque en mis brazos llevo al León hecho cordero, el Todopoderoso. Vamos a trazar la vida, apresuraos para obtener la salvación, el enfoque para obtener el descanso eterno, ya que tengo todo esto para vosotros y se os dará a vosotros libremente y sin envidia. No seáis lentos y pesados de corazón, hijos de los hombres, y tú, oh dulce alegría de mi alma, me das permiso para recibir de Ti ese beso deseado por todas las criaturas".

...... cuando la luz se vuelve soportable una vez más, María sostiene en sus brazos a su Hijo recién nacido. Un poco de ciruela, bebé rosado. Rebosante con pequeñas manos, como brotes de rosa y pateando con los pies pequeños que pueden caber en el hueco del corazón de una rosa. El bebé llora con voz temblorosa aguda como un cordero recién nacido, la apertura de su linda boquita como una fresa silvestre y mostrando una pequeña lengua que tiembla contra el techo de color de rosa de la boca. Y Él mueve su cabecita redonda en el hueco de la mano de su madre que es tan rubio, que parece sin pelo. María mira a su bebé y lo adora, llorando y sonriendo al mismo tiempo.

Luego se inclina hacia delante para darle un beso en el centro de su pecho, donde, debajo, su corazoncito late por la humanidad que ha venido a salvar..... y donde, un día, él será traspasado con una lanza. Y al parecer, con su beso inmaculado, Ella cura la herida con mucha antelación.

Y debido a que la propia Santísima Trinidad asistió al Nacimiento, el cielo se vacía de sus ángeles y ahora ellos vienen y adoran a su creador con su atuendo de peregrino. Y sin cesar, cantan ***"Gloria in excelsis Deo, et in terra pax hominibus bonae voluntatis"*** en las más dulces armonías.

El buey, despertado por la luz deslumbrante, ahora se levanta con gran estampado de los cascos y los fuelles, el burro vuelve su cabeza redonda y rebuzna, reconocen y adoran al Hijo de Dios, rechazado y no reconocido por los hombres.

José ha sido cautivado y él viene ahora y ve a una extraña luz filtrada entre sus dedos que sostienen su rostro. Se quita las manos de su cara, se levanta y se da la vuelta pero María se esconde detrás del buey que parado le da calor al Bebé pero María lo llama "Ven, José".

José se precipita hacia Ella, pero cuando ve, se detiene, golpeado por la reverencia y está a punto de caer de rodillas donde está pero María insiste ' ven José ', Ella lo llama de nuevo apoyada en el heno con su mano izquierda y cargando al Bebé cerca de su corazón con su brazo derecho.. Entonces Ella se levanta y va hacia José que camina, vacilante, hacia ellos, desgarrado por su deseo de verlo y su deseo de reverenciarlo.

Se encuentran en el pie de la cama de paja y se ven el uno al otro, llorando y sonriendo felizmente.

'Ven, vamos a ofrecer a Jesús al Padre", dice María. José se arrodilla mientras María está entre dos de los troncos de apoyo. Ella levanta a Jesús en sus brazos y dice: 'aquí estoy, en Su nombre, oh Dios, que hablo estas palabras para Ti: aquí estoy para hacer Lo que tú desees. Y yo, María, y mi esposo, José, con Él. Aquí están Vuestros siervos, Señor. Que siempre hagamos tu voluntad en cada hora, en cada evento, para Vuestra gloria y Vuestro amor. "

Entonces María se inclina 'aquí José, tómalo ' dice ofreciéndole al Bebé.

¡Cómo! ¿Yo?.... ¡Oh, no! ¡Yo no soy digno! 'José está completamente atónito ante la idea de tocar a Dios'.

"Digno eres" María insiste: "Nadie es más digno que tú. Por eso el Altísimo te ha elegido. Tómalo, José y sostenlo mientras busco la ropa'.

José, sonrojándose púrpura, extiende sus brazos y recibe al Bebé, que está gritando a causa del frío. Cuando José lo recibe en sus brazos, ya no persiste en su intención de apartar al bebé lejos de él por respeto, sino que lo estrecha contra su corazón y rompe a llorar, exclamando "¡Oh! ¡Señor! ¡Dios mío! 'y él se inclina para besar sus diminutos pies..... y encuentra que están fríos.

José se sienta en el suelo sosteniendolo cerca de su pecho y luego usa sus manos y su túnica marrón para cubrirlo y calentarlo y defenderlo contra el viento frío cortante y de la profunda noche del solsticio de invierno. Considera la posibilidad de acercarse a la chimenea, pero hay una corriente de aire frío que entra por la puerta. Así que se pone entre el buey y el asno para protección y calor, de espaldas a la puerta, inclinándose sobre el Bebé para formar con su propio cuerpo, un refugio, sellado por tres lados: por un lado, el burro, con su gris la cabeza y las orejas largas, por otro, el buey con su enorme hocico blanco, la nariz humeante y sus dos ojos dulces.

María trae la ropa de cama y pañales que fue a buscar de su baúl, calientes por el fuego, luego envuelve al Bebé en la sábana tibia y usa su velo para proteger su cabecita.

"¿Dónde lo pondremos?'" Ella pregunta.

José mira a su alrededor, pensando.... 'Espera....', dice, "... vamos a pasar los animales y a su heno allí. Entonces vamos a tomar el heno hasta allí y organizar algo aquí. La madera en el costado lo protegerá del aire, el heno servirá como una almohada y el buey lo calentará un poco con su aliento. El buey, porque es más paciente y más silencioso que el burro', y entonces él se pone en la organización de la cueva.

María arrulla al Bebé, sosteniéndolo cerca de su corazón y apoyando su mejilla en su cabecita para que se caliente.

José compone el fuego sin economizar esta vez y seca el heno en el mismo, un puñado a la vez, manteniendo el heno seco cerca de su pecho para mantenerlo caliente. Cuando él tiene lo suficiente para un colchón, va al pesebre y lo adapta como una cuna. "Está listo", dice 'ahora va a necesitar una manta por las picaduras de heno y también para cubrirlo.

"Toma mi manto", dice María.

'Tendrás frío'

'¡Oh! ¡No importa! La manta es demasiado gruesa. El manto es suave y cálido. No tengo frío en absoluto. No lo dejes sufrir por más tiempo!"

José toma el suave manto de lana azul oscuro, lo dobla en dos y lo pone sobre el heno, dejando una tira que cuelga fuera del pesebre.

Ahora un primer lecho está listo para nuestro Redentor. María, con su dulce andar elegante, viene al pesebre, le pone dentro y lo cubre con la tira que cuelga. Ella organiza la manta alrededor de su cabecita sólo protegida del heno por su fino velo. Sólo su carita, del tamaño del puño de un hombre permanece al descubierto.

María y José se inclinan sobre el pesebre, completamente felices y lo ven dormir en su primer sueño, ahora abrigado por el calor de la ropa y del heno.

La Adoración de los Pastores

Cuando los ángeles todos han venido delante de Él y adorado al Nuevo Salvador nacido, algunos de ellos son enviados de inmediato para llevar la buena noticia a los diferentes lugares y el arcángel Miguel lleva un mensaje especial de María a sus padres, Ana y Joaquín en el limbo, donde, junto con los Patriarcas, Profetas, los santos y justos, esperan la Redención que abrirá para ellos las puertas del Paraíso. Para Ana y Joaquín, el Arcángel Miguel los felicita por su Hija que ahora lleva a Aquél a Quien ellos han esperado mucho tiempo, y para los profetas y patriarcas, les trae la buena noticia de la realización de lo que tiempo atrás habían predicho y esperado durante su largo destierro. Hay mucho regocijo y canto en el reconocimiento y la alabanza del Dios-Hombre.

Otro ángel va con Isabel y su hijo y aunque él tiene sólo seis meses de edad, fue pre-santificado cuando el Señor, aún en el Vientre de su Madre, les hizo una visita. Se inclinan en adoración al Nuevo Rey-Nacido y envia una respuesta a través del ángel que solicita que María adore a su Hijo en su nombre.

Otro ángel es enviado a varios rincones de la tierra para traer la noticia a aquellos por los cuales es un placer para Dios informar, en Meridional Asia, la actual Turquía, Afganistán y Persia, a las montañas de Mongolia y a la región donde surgen las aguas del Nilo.

De vuelta en Belén, es una noche tranquila y la luna en su punto más alto, navega suavemente a través de un cielo azul oscuro lleno de estrellas como pernos de diamante. Corrientes de luz descienden de la gran cara blanca de la luna en el amplio campo debajo, hacienda la tierra blanca y los árboles estériles más altos y más oscuros contra un fondo tan blanco. Y las paredes bajas crecientes aquí y allá a lo largo de las fronteras parecen blancas como la leche, una pequeña casa en la distancia parece un bloque de mármol de Carrara. Dentro de un recinto de cuatro lados a la derecha, medio hecho de un seto arbusto espinoso y la mitad de una pared escarpada baja, hay un cobertizo amplio bajo, parte de mampostería, parte madera colapsable; quizá convertible en un porche en los meses de verano.

Desde el interior del establo se pueden escuchar balidos intermitentes cortos de ovejitas soñando o detectando la aproximación de la madrugada debido a la luz de la luna brillante. La luz de la luna se hace más fuerte, a medida que la luna navegaba cerca de la tierra o tal vez iluminada por un fuego misterioso.

Desde la puerta del establo, un pastor mira hacia arriba y afuera, protegiéndose los ojos con las manos de la cegadora luz de la improbable brillante luna que parece más brillante aún porque él acaba de salir de la oscuridad. Sorprendido por el brillo de la luz de la luna, el pastor hace un llamamiento a sus compañeros, un grupo de hombres peludos de diferentes edades, algunos con cabellos grises, algunos en la adolescencia o más jóvenes aún. Se amontonan en la puerta y comentan sobre lo extraño de la luna. Levi, con doce años de edad comienza a llorar y los pastores mayores se burlan de él.

'¿De qué tienes miedo, tonto?', dice Elías, el más viejo. '¿No puedes ver que el aire está muy tranquilo? ¿Nunca has visto la luna clara antes? Tú has estado ligado a las faldas de tu madre ¿no? Pero hay mucho para ver ... una vez, me fui tan lejos como las montañas del Líbano ... aún más. En lo alto. Yo era joven y caminar era bueno.... y yo era rico en aquel entonces.... una noche, vi una luz tan brillante, pensé que Elías iba a volver en su carro de fuego. Y un viejo hombre que era viejo en ese entonces me dijo: "una gran aventura está a punto de tener lugar en el mundo". Resultó una gran desventura, porque vinieron los soldados romanos. ¡Oh! Verás muchas cosas.... si vives lo suficiente."

Pero Levi ya no está escuchando... y ya no tiene miedo. Desde su escondite detrás de los hombros de un pastor musculoso, Levi deja el umbral y sale a la loma cubierta de hierba en frente del cobertizo, mirando hacia arriba y caminando como hipnotizado. Entonces grita ' ¡Oh! 'y se detiene, congelado, con los brazos ligeramente extendidos.

Sus compañeros se miran entre sí, sin habla. '¿Cuál es el asunto con el necio? se burla de uno.

'Yo lo voy a enviar de vuelta con su madre mañana. No quiero que gente loca guarde las ovejas", dice otro.

"Vamos a ir a ver antes de que lo juzguemos' dice Elias. "Despierta a los otros y traigan sus palos. Puede ser que sea un animal salvaje o un ladrón..."

Ellos traen a otros pastores y se unen a Levi, con antorchas y garrotes.

'No, no..." susurra Levi, sonriendo. " ... Sobre el árbol ... mirad la luz que está llegando. Parece ser que desciende en un rayo de la luna. Ahí está, cada vez más cerca. ¡Qué hermosa es!'
"Sólo puedo ver una luz brillante más bien."

"Yo también"

"Yo también", dicen los otros.

'No. Puedo ver algo así como un cuerpo", dice Elías.

"Es ... es un ángel ' grita Levi. " Aquí está. Él viene bajando ... él se acerca ... ¡Al suelo! De rodillas ante el ángel de Dios! '

'¡Ooooh! 'gritan los pastores en veneración y caen al suelo, los más viejos más extasiados por la aparición brillante. Los jóvenes permanecen de rodillas, mirando al ángel mientras él se acerca más y más cerca y luego se detiene el aire, flotando por encima de la pared del recinto, un brillo nacarado en la luz de la luna blanca mientras agita sus grandes alas.

'¡No tengáis miedo! Os traigo una buena noticia. Os anuncio una gran alegría para el pueblo de Israel y para todo el mundo ", dice el ángel con una voz dulce como la armonía de un arpa y el canto de los ruiseñores...... 'Hoy en día, en la Ciudad de David, el Salvador ha nacido.... 'dice el ángel, desplegando con alegría sus alas cada vez más amplias, como chispas de oro y piedras preciosas saliendo de los mismas formando un arco iris de triunfo por encima del establo.

'...el Salvador, que es Cristo", dice el ángel mientras brilla más brillante, sus alas ahora quietas y apuntando hacia arriba como dos velas en llamas que se levantan al Cielo.

"...Cristo, el Señor!' termina el ángel plegado sus alas brillantes de nuevo a su cuerpo, envolviéndose con ellas como una capa de diamantes en un vestido de perlas. Y él se postra en adoración, con los brazos cruzados sobre el pecho, con la cabeza inclinada hacia abajo, desapareciendo en la sombra con sus alas plegadas y permaneciendo inmóvil, una figura oblonga brillante por unos momentos.

Luego se agita, extiende sus alas de nuevo, levanta la cabeza y con una sonrisa celestial brillante dice 'Lo encontraréis en un pobre establo, detrás de Belén, un bebé en pañales en un pesebre para animales ... "y el ángel se vuelve serio..

"...porque sin techo fue encontrado al Mesías en la Ciudad de David', termina con tristeza.

Y entonces aparece una escalera de ángeles, que desciende del cielo, regocijándose. Y su brillo celestial es considerado la luz de la luna. Ellos se reúnen en torno al ángel que anuncia, revoloteando sus alas, exhalando perfumes, tocando las notas musicales que elevan las voces más bellas de la creación a la perfección uniforme, para dar al hombre una idea de la belleza de Dios, del Paraíso....

Y el brillo de los ángeles se extiende por todo el paisaje tranquilo en círculos cada vez más amplios. Y los pájaros, con las primeras luces, se unen en el canto. Y las ovejas agregar sus balidos para el temprano sol. Y al igual que el buey y el burro, todos los animales adoran y dan la bienvenida a su creador que viene de entre ellos como Dios y Hombre.

El canto y la luz se desvanecen poco a poco y los ángeles ascienden al cielo...

Los pastores vuelven a sí mismos...

'¿Has oído?

'¿Vamos a ver?'

¿Y qué hay de los animales?'

'¡Oh! ¡Nada va a pasarles! ¡Vamos a obedecer la palabra de Dios!...'

'Pero, ¿dónde vamos a ir?"

"¿No dijo que ha nacido hoy? ¿Y eso que no encontraron alojamiento en Belén? dice Elías ' Ven conmigo, yo sé dónde está. Vi a la mujer y se compadeció de Ella. Yo les dije, a dónde ir por Ella y le di al hombre un poco de leche para Ella. Ella es tan joven y hermosa ... y debe ser tan buena y tan amable como el ángel que hablaba con nosotros. Venid, vamos a ir a buscar un poco de leche, quesos, corderos y pieles curtidas. Tienen que ser muy pobres.... y me pregunto ¿Cuán frío debe estar, Aquél cuyo nombre no me atrevo a mencionar! ¡Imaginaos! Hablé con la Madre como yo podría haber hablado con una pobre esposa!...'

Vuelven al establo y vuelven a aparecer poco a poco frascos de leche, quesos pequeños redondos enteros en redes, corderos balando en cestas y algunas pieles curtidas.

Cierran el establo y parten con antorchas en el claro de luna en caminos rurales entre los espinos desnudados por el invierno. Ellos toman una ruta de vuelta en círculo hacia Belén, buscando a la sagrada familia en primer lugar, sin pasar por los otros establos. Los otros doce están cerca del agujero.

'Entra'

'¡No me atrevería!'

'Tú entra'

'No'

'Por lo menos echa un vistazo. "

«Tú, Leví, que viste al ángel primero, obviamente, porque eres mejor que nosotros, 'Mira', Levi vacila. Entonces se decide, se acerca al agujero, tira de la manta un poco a un lado y mira dentro... y permanece extasiado.

'¿Qué ves?" susurran con ansiedad.

-Veo a una hermosa mujer joven y un hombre inclinado sobre un pesebre y puedo escuchar ... Puedo oír a un bebé llorando y la mujer está hablando con él en una voz ... ¡Oh! ¡Qué voz! '

"¿Qué está diciendo?

'Ella está diciendo: "Jesús, pequeño! ¡Jesús, amor de tu madre! No llores, hijito". Ella está diciendo: "Oh si pudiera decirte, toma un poco de leche, pequeño" Pero no tengo todavía". Ella dice: "Estás tan frío, mi amor! ¡Y el heno está ardiendo! ¡Qué doloroso es para tu mamá oírte llorar sin ser capaz de ayudarte! "Ella dice: "Duerme, alma mía! Porque me rompe el corazón oírte llorar y ver tus lágrimas!". Y Ella lo besa, y sigue calentando sus pequeños pies con sus manos, porque Ella está doblada con los brazos en el pesebre».

"¡Llámala! Que se oiga".

-No lo haré. ¡Deberías llamarla porque nos trajiste aquí y no la conozco!
Elías abre la boca pero él sólo gime débilmente.

José se vuelve y va hacia la puerta.

"¿Quién eres?' él pregunta.

'Pastores .... Te hemos traído algo de comida y un poco de lana. Hemos venido a adorar al Salvador".

"Entren".

Los hombres mayores empujan a los jóvenes en frente de ellos y todos ellos entran, iluminando el establo con sus antorchas.

'Venid', dice María, volviéndose y sonriendo. 'Venid' Ella dice de nuevo sin dejar de sonreír e invitándolos con la mano. Ella atrae a Levi hacia el pesebre y él mira dentro y se siente feliz. José también invita a los otros, que vienen hacia adelante con sus regalos y los colocan a los pies de María, con unas pocas palabras. Luego miran al Bebé que llora un poco y sonríen, conmovidos y felices.

"Madre, toma esta lana', dice uno de los pastores más audaces " Está suave y limpia. La preparé para mi hijo que está por nacer. Pero te la ofrezco a Ti. Acuesta a tu Hijo sobre esta lana. Estará suave y cálido.

María acepta la gruesa, hermosa y suave lana de oveja blanca, levanta a Jesús y pone la lana a su alrededor. Entonces Ella Lo muestra a los Pastores que, de rodillas, ¡lo miran con éxtasiados!

Ahora, cada vez más audaz, otro pastor sugiere: "Él debe dar un sorbo de leche. Mejor aún, un poco de agua y miel. Pero no tenemos la miel. Se la damos a los bebés pequeños. Tengo siete hijos, y sé... '

"Hay un poco de leche aquí. Tómala mujer'.

"Pero está fría. Debe estar tibia. ¿Dónde está Elías? Él tiene la oveja.

Pero las ovejas se encuentran fuera con Elías quien está mirando al agujero, sin ser visto debido a la oscuridad.

"¿Quién te condujo hasta aquí?

'Un ángel nos dijo que viniéramos y Elías nos mostró el camino. Pero, ¿dónde está ahora? '

Los balidos de las ovejas, declaran su presencia.

"Entra. Eres requerido'

Elías llega con las ovejas y todos ellos lo miran haciéndolo sentir avergonzado.

'¡Eres tú!' dice José, reconociéndolo como el pastor que les dio leche en el camino. María le sonríe diciendo: "Tú eres bueno".

Se ordeñan las ovejas, en una pieza de lino está la leche cremosa caliente y María humedece los labios del bebé que chupa la crema dulce, por lo que todos sonríen. Y sonríen aún más cuando Jesús se queda dormido en la lana caliente, con un poco de lino todavía entre sus labios.

"Pero no puedes quedarte aquí. Hace frío y está húmedo. Y.... allí es demasiado fuerte el olor de los animales. No es bueno ... no es bueno para el Salvador".

'Lo sé' coincide María con un profundo suspiro. 'Pero no hay lugar para nosotros en Belén".

'Ten esperanza mujer. Encontraremos una casa'.

"Le diré a mi señora", dice Elías ' Ella es buena. Ella va a recibirte, incluso si tuviera que darte su propia habitación. Tan pronto como haga de día, se lo diré. Su casa está llena de gente, pero que va a encontrar la habitación para Ti. '

'Para mi hijo por lo menos. José y yo también podemos tumbarnos en el suelo. Pero para el pequeño....'

"No te preocupes mujer. Veremos. Y le diremos muchas personas lo que nos dijeron. Se te faltará nada. Por el momento, toma lo que podemos ofrecerles nosotros los pobres pastores.... '

"Somos pobres también ... y no podemos recompensarlos', dice José.

'¡Oh! ¡Nosotros no lo queremos! Incluso si se lo pudieran permitir, no lo queremos. El Señor ya nos ha recompensado. Prometió la paz para todos. El ángel le dijo: "paz a los hombres de buena voluntad". Pero él ya nos la ha dado a nosotros, porque el ángel dijo que este Niño es el Salvador, que es Cristo, el Señor. Somos pobres e ignorantes, pero sabemos que los Profetas dicen que el Salvador será el Príncipe de la Paz. Y Él nos dijo que viniéramos y lo adoremos. Es por eso que nos dio su paz. Gloria a Dios en lo alto del cielo y Gloria a su Cristo aquí más. Y Tú eres Bendita Mujer, que lo ha dado a luz a Él: Tú eres santa, porque Tú merecías parirlo. Danos órdenes como nuestra reina porque estaremos encantados de atenderte. ¿Qué podemos hacer por ti?"

'Puedes amar a Mi Hijo y siempre aprecia los mismos pensamientos que tienes ahora.

'But what about You? Is there anything You wish? Have You no relatives whom You would like to inform that He has been born?'

-Pero ¿y Tú? ¿Hay algo que deseas? ¿No tienes parientes a quienes te gustaría informarles que Él ha nacido?

-Sí, los tengo. Pero ellos están muy lejos, en Hebrón...'

"Voy a ir", dice Elias '¿quiénes son?'

'Zacarías el sacerdote y mi prima Isabel.

'¿Zacarías? ¡Oh! Lo conozco bien. Subo a las montañas en los meses de verano debido a que los pastos son ricos y hermosos y soy amigo de tu pastor. Cuando sepa que Tú estás establecida, voy a ir con Zacarías".

-Gracias Elías. '

'Por favor, no me des las gracias. Es un gran honor para mí, un pastor pobre de ir a hablar con el sacerdote y le diré: "el Salvador ha nacido".

'No. Tú debes decirle "Tu prima, María de Nazaret, dice que Jesús ha nacido, y que debes venir a Belén"'

"Voy a decirle eso'.

'Que Dios te recompense. Te recordaré Elias, y a cada uno de vosotros'.

'¿Vas a decirle a tu Bebé sobre nosotros?

'Yo ciertamente lo haré".

"Yo soy Elías"

"Y yo soy Levi".

"Y yo soy Samuel".

"Y yo Jonás".

"Y yo Isaac".

"Y yo Tobias".

"Y yo Jonathan".

"Y yo Daniel".

"Y yo Simeón".

"Mi nombre es Juan".

"Yo soy José y mi hermano Benjamín. Somos gemelos".

"Voy a recordar sus nombres".

'Tenemos que irnos ... pero vamos a volver ... y vamos a traer a otros para adorarlo".

'¿Cómo podemos volver a las ovejas dejando al Niño?'

"¡Gloria a Dios, que se nos ha mostrado a nosotros!".
'¿Vas a dejar que besemos Su vestido?' pregunta Levi con una sonrisa angelical.

María levanta a Jesús suavemente y se sienta con Él en el heno. Entonces Ella envuelve sus pies diminutos en el lino y los ofrece para que sean besados. Y los pastores se inclinan hasta el suelo y besan los pies diminutos envueltos por la ropa de cama. Aquellos con barba limpia primero y casi todo el mundo está llorando. José se apoya en el pesebre y lo adora.

Cuando es hora de irse, los pastores salen hacia atrás, dejando su corazón allí...

La Circuncisión

Desde el momento de la Anunciación, María ha reflexionado sobre el sufrimiento que le espera a su dulce Hijo y como su conocimiento de la Escritura es profunda, esta tristeza, prevista y esperada, es para ella un martirio prolongado.

Pero con respecto a la Circuncisión de su Hijo, Ella aún no ha recibido la iluminación de la voluntad del Padre Eterno. La prudencia y la humildad le impide pedirle a Dios o a los ángeles que los protejan en todo momento, pero Ella reza para la iluminación.

Ella sabe que la circuncisión es un rito instituido para limpiar a los recién nacidos del pecado original, mientras que el divino Niño está totalmente libre de este pecado y Su amor maternal anhela eximir a su hijo si es posible, pero Ella razona que como su Hijo ha venido a honrar y confirmar su ley por medio del ejemplo y del sufrimiento por el hombre, estaría limitado por su ardiente amor a sufrir los dolores de la circuncisión.

Entonces Ella consulta con José sobre este tema y que de acuerdo que el tiempo señalado para la circuncisión ha llegado y ya que no han recibido la orden de lo contrario, es necesario cumplir con la voluntad de Dios manifestada en la ley común que, aunque como Dios, el Verbo Encarnado no está sujeto a la ley, sin embargo, como hombre y como Maestro más perfecto y Salvador, Él desearía cumplir con otros hombres en el cumplimiento de esa ley.

María le pregunta a José cómo la circuncisión se llevará a cabo y María expresa su deseo de no entregar a su Hijo a ninguna otra persona, sino que desea sostenerlo por sí misma en sus brazos. La delicadeza del Bebé lo haría más sensible al dolor que los otros niños y así obtendría una medicina calmante para su dolor, un recipiente de cristal para la reliquia sagrada de la circuncisión y María prepara algunos lienzos para recoger la sangre sagrada de ser derramada por primera vez para la redención del hombre, para que ni una gota se pueda perder o caer en el suelo.

José le informa al sacerdote y le pide que vaya a la cueva donde, como ministro en forma y digna, podría con sus manos sacerdotales, llevar a cabo el rito.

Entonces María y José consultarán en relación con el nombre que se dará al Niño divino en la circuncisión. 'Mi Señora', dice José' Cuando el ángel me informó de este gran sacramento, él también me dijo que Tu Hijo sagrado debe ser llamado "Jesús".

'Este mismo nombre me fue revelado cuando Él asumió carne en Mi vientre, y recibiendo así el nombre del Altísimo a través de la boca de sus ministros, es lógico que nos conformamos en humilde reverencia con la sabiduría infinita y que nosotros le llamemos "Jesús".

Mientras que José y María están conversando, innumerables ángeles en forma humana visible descienden de lo alto, en la cueva, vestidos con vestiduras resplandecientes, bellamente bordadas en rojo. Tienen palmas en sus manos y coronas en la cabeza y dan brillo más brillante que muchos soles. Más brillante de todos es el escudo de armas que llevan en sus pechos, un grabado del nombre "Jesús". La brillantez de este escudo de armas supera a la de todos los ángeles juntos y la variedad y la belleza de este grabado es a la vez rara y exquisita.

Manteniendo los ojos fijos en el Niño en brazos de su madre, los ángeles se dividieron en dos coros en la cueva, dirigidos por Miguel y Gabriel, que brilla con más esplendor que el resto, llevando en sus manos el nombre "Jesús", escrito en las tarjetas brillantes de incomparable belleza.

Miguel y Gabriel se dirigen a María, en presencia de José, diciendo:

"Señora, este es el nombre de Tu Hijo, escrita en la mente de Dios desde toda la eternidad para su Unigénito Hijo, nuestro Señor, como el signo de salvación para la raza humana; Él reinará triunfante sobre el trono de David; Sus enemigos serán juzgados a sus pies y sus amigos se elevarán a la gloria de su mano derecha y todo esto a costa de mucho sufrimiento y sangre ....

... incluso ahora Él derramará en la recepción de este nombre... y será el comienzo de Su sufrimiento en la obediencia a la voluntad de su Padre Eterno....

.... Todos nosotros venimos como espíritus ministrantes nombrados y enviados por la Santa Trinidad para esperar al Unigénito del Padre y tu propio.

.... Estamos para acompañarlo y servirlo hasta que Él suba triunfante a la Jerusalén celestial y abra las puertas del cielo;.... después vamos a disfrutar de una gloria especial más allá de la de los otros bedecidos, a quienes no se ha dado tal comisión".

José entiende los misterios de la Redención más que la mayoría de los hombres, pero que no los entiende en la misma profundidad que María.

En el día de la circuncisión, el sacerdote viene acompañado por dos funcionarios, a la cueva donde se encuentra con el Niño en brazos de su Madre. El sacerdote al principio está sorprendido por las malas condiciones de la vivienda, pero María les da la bienvenida y habla con tanta modestia y gracia que su moderación pronto se convierte en admiración ante la compostura y noble majestuosidad, lo que le hace preguntarse por el contraste con un entorno tan pobre. Y él se mueve con devoción y ternura y procede con su deber de circuncidar al Niño

En el momento de su circuncisión, el Dios-Niño ofrece tres sacrificios de amor a Su Padre, en nombre de la humanidad: Él asume libremente la condición de pecador, sometiéndose a sí mismo a un rito instituido como remedio para el pecado original. Él ofrece su disposición a sufrir el dolor de la circuncisión como hombre verdadero y perfecto. Finalmente, Él ofrece su amor por la raza humana, para la cual Él arroja esta sangre dando gracias al Padre Eterno por haberle dado una naturaleza capaz de sufrir por su gloria.

El cuchillo de la circuncisión es de piedra, y el dolor causado por la herida es grave. Fiel a su naturaleza humana, el Niño derrama lágrimas, pero a pesar de la delicadeza de su piel y la tosquedad de la cuchilla, las lágrimas del infante son causadas en su mayoría por su dolor causado por su conocimiento sobrenatural de la dureza de corazón de los hombres, más tenaz que el pedernal.

Estos primeros frutos de su sangre, ofrecidos por el Verbo Encarnado son aceptados por el Padre como las promesas que Él daría todo con el fin de extinguir la deuda de los hijos de Adán.

María percibe estos actos interiores de Jesús, en calidad de madre de común acuerdo con su Hijo, en Su sufrimiento. Y Llora como en el amor recíproco y la compasión, Madre e Hijo se unirán entre sí.. Ella le acaricia sus pechos virginales y captura la reliquia sagrada y la sangre que cae en una toalla.

Entonces el sacerdote le pregunta qué nombre desean darle al Niño. María se dirige a José y José se dirige a Ella, y luego dicen al mismo tiempo:

"Jesús es su nombre".

"Los padres están de acuerdo por unanimidad, y le han dado un gran nombre al Niño", dice el sacerdote.

Y él entra el nombre en el registro de los nombres de los niños. Pero mientras está escribiendo el nombre, él se mueve de repente y derrama lágrimas copiosas aunque él no puede entender ni explicar por qué. Entonces dice: "Este Niño será un gran profeta del Señor. Tengan mucho cuidado al criarlo y díganme de qué manera puedo aliviar sus necesidades'.

La Santa pareja le agradece amablemente, le ofrecen velas y algunos otros artículos y luego lo despiden.

Se le aplican medicamentos que han adquirido para las heridas de Jesús y mientras Él sana, María lo sostiene en sus brazos la noche y el día y no se separa de él ni un solo momento.

La Visita de Zacarías

Zacarías ha llegado a la casa hospitalaria donde la Sagrada Familia se ha hospedado. La dueña corre al vestíbulo y se encuentra con los visitantes llegando. Ella le muestra a una puerta, golpea y luego se retira discretamente.

José se abre la puerta y emite un grito de alegría cuando ve a Zacarías. Lleva a Zacarías a una pequeña habitación, tan pequeña como un corridor, "María está amamantando al Bebé. No pasará mucho tiempo", dice José. Él le da cabida a Zacarías en su sofá ' siéntate', dice, 'Debes de estar cansado'.

Zacarías se sienta y José se sienta a su lado.

¿Cómo está el pequeño Juan?' José le pregunta

'Él está creciendo tan fuerte como un potrillo. Pero ahora le están saliendo los dientes y él está sufriendo un poco por lo que no queríamos traerlo. Hace mucho frío, por lo que Isabel no vino tampoco. Ella no podía dejarlo sin leche, estaba muy alterada, ¡pero el clima es tan duro! "

"¡Es duro de verdad! ' está de acuerdo en José.

'El hombre que me enviaste, dijo que tú estabas sin hogar cuando nació. Debe haber sufrido mucho.'

-Sí, mucho. Pero nuestros temores eran más grandes que nuestro malestar. Teníamos miedo por la salud del Niño. Y tuvimos que permanecer allí durante los primeros días. No nos ha faltado nada, porque los pastores propagan la buena nueva a la gente de Belén y muchos de ellos nos trajeron regalos. Pero no teníamos casa ... ni siquiera una habitación decente ... una cama ...... y Jesús lloró mucho, especialmente por la noche porque el viento soplaba desde todas las direcciones. Yo solía encender un pequeño fuego... sólo uno pequeño, porque el humo hizo que Jesús tosiera ... y todavía estaba frío de todos modos. Dos animales no dieron mucho calor, especialmente cuando el aire frío venía de todas direcciones! ....

.... No teníamos agua caliente para lavarlo. Tampoco ropa seca para cambiarlo. ¡Sí, sufrió mucho!

... Y María sufrió verle sufrir. Sufrí ... ¡por lo que puedo imaginar la angustia de su madre! Ella lo alimentó con leche y lágrimas ... con leche y amor. Las cosas están mucho mejor aquí. ... Yo le hice una cuna muy cómoda y María le puso un poco de colchón suave. ¡Pero está en Nazaret! ¡Ah! ¡Si Él hubiera nacido allí, las cosas habrían sido muy diferentes!

"Pero Cristo había de nacer en Belén. Fue profetizado"

María escucha sus voces y entra, todos vestidos de lana blanca, sin velo y sosteniendo a Jesús en sus brazos, dormido en sus pañales blancos.

Zacarías se pone de pie y se inclina con reverencia en la adoración. Entonces, respetuosamente, se acerca, inclinándose en homenaje al Niño mientras María se lo ofrece. Y luego, aún adorándole, Zacarías lo lleva, en el gesto de un sacerdote sosteniendo la Hostia ya ofrecida a los hombres como alimento para el amor y la redención.... y que será sacrificada. Entonces Zacarías le da la espalda a María.

Todos se sientan.

Zacarías le explica de nuevo a María, por qué Isabel no ha venido y lo mal que estaba. 'En los últimos meses, ella hizo algunas sábanas para tu bendito Hijo. Las he traído. Ellas están abajo en el carro' dice Zacarías, levantándose a buscarlas.

Él regresa con una gran parcela y una pequeña.

José le libera de la más pesada. Zacarías saca los regalos de la pequeña parcela: una manta suave de lana tejida a mano, ropa de cama y algunos pequeños vestidos.

Y en la parcela más grande: un poco de miel, un poco de harina blanca como la nieve, mantequilla, manzanas para María, pasteles horneados por Isabel y muchas otras pequeñas muestras de amor materno de la prima agradecida por la joven Madre.

"Por favor, dile a Isabel que estoy muy agradecida con ella, como yo a ti también. Hubiera sido tan feliz de verla, pero entiendo la situación. Y también me hubiera gustado ver el pequeño Juan ...' dice María a Zacarías.

"Pero tú lo verás en la primavera. Vamos a venir a verte".

'Nazaret está demasiado lejos', comenta José.

'¿Nazaret? Pero tienes que alojarte aquí. El Mesías tiene que crecer en Belén. Es la ciudad de David. El Altísimo, a través de la voluntad de César, lo trajo a la ciudad en la tierra de David, la tierra santa de Judea. ¿Por qué llevarlo a Nazaret? Tú sabes cuál es la opinión de los Judíos con respeto a los nazarenos. Este niño ha de ser, en el futuro, el Salvador de Su pueblo. La capital no debe despreciar a su Rey, porque Él viene de una tierra despreciada. Sabes tan bien como yo, la desaprobación del Sanedrín y cuán snob son sus tres principales.....

...... Y entonces, aquí, junto a mí, voy a ser capaz de ayudar de alguna manera, y poner todo lo que tengo, no tanto en forma de cosas materiales, sino de dones morales, al servicio de este Bebé Recién Nacido.....

.... Y cuando tenga la edad suficiente para entender, voy a estar muy feliz de ser su maestro... como lo seré para mi hijo, para que después, cuando crezca, Él me bendiga....

.... Debemos tener en cuenta que está destinado para grandes cosas.... y lo que debe estar en condiciones de presentarse al mundo con todos los medios necesarios para ganar su juego...

... Él ciertamente posee la sabiduría. Pero el simple hecho de que fue educado por un sacerdote lo hará más agradable a los Fariseos y los Escribas difíciles y hará su misión más fácil".

María mira a José y José mira a María en un silencioso intercambio de preguntas sobre la cabeza inocente de color de rosa del niño dormido. Y son preguntas llenas de tristeza mientras María piensa en su pequeña casa y José, en su obra. Y ambos se preguntan cómo van a empezar de nuevo aquí, donde sólo unos pocos días antes, eran completamente desconocidos. Aquí, ellos no tienen ninguna de las queridas cosas que dejaron en su casa, que habían preparado con tanto amor para el niño.

"¿Cómo podemos hacer eso?' pregunta María "Dejamos todo lo que tenemos. José ha trabajado tan duro para mi Jesús, no se salvan ni trabajo ni dinero, trabajaba de noche, así que durante el día podía trabajar para otros y así ganar lo suficiente para comprar la mejor madera, la lana más suave, la mejor ropa y preparar todo para Jesús..... construyó colmenas e incluso trabajó como albañil para modificar la casa para que la cuna pudiera caber en mi habitación y permanecer allí hasta que Jesús haya crecido y la cuna podría entonces ser reemplazada por una cama, porque Jesús se quedará conmigo hasta que Él sea un adolescente".

'José puede ir a buscar lo que dejaste allí'.

¿Y dónde lo pondremos? Ya sabes, Zacarías, que somos pobres. Sólo tenemos nuestro trabajo y nuestra casa. Y a los dos nos permiten vivir sin pasar hambre. Pero aquí... tal vez encontremos un poco de trabajo. Pero siempre vamos a tener el problema de una casa. Esta buena mujer no puede darnos hospitalidad siempre. ¡Y no puedo sacrificar a José más de lo que ya se ha sacrificado por causa de mí! '

'¡Oh! ¡Yo! ¡No es nada para mí! Estoy preocupado por el dolor de María... Su dolor de no vivir en su propia casa..."

Dos grandes lágrimas se derraman de los ojos de María.

'Yo creo que la casa debe ser lo más querido para ella como el Paraíso a causa del misterio que se realizó en ella. Hablo poco pero entiendo mucho. No estaría molesto si no fuera por eso. Voy a trabajar el doble, eso es todo. Soy joven y lo suficientemente fuerte como para trabajar el doble de lo que solía y velar por todo. Y si María no sufre demasiado... y si tú dice que debemos hacerlo... bueno, aquí estoy. Voy a hacer lo que creas que es mejor. Siempre que vaya a ayudar a Jesús".

"Esto sin duda ayudará. Piénsalo bien y verás las razones.

"También se dice que el Mesías será llamado Nazareno ... 'objeta María.

-Cierto. Pero por lo menos, hasta que sea adulto, deja que Él crezca en Judea. El profeta dice: "Y tú Belén Efrata, serás grandiosa, porque de ti saldrá el Salvador." Él no habla de Nazaret. Quizás ese título fue dado a él por alguna razón desconocida para nosotros. Pero esta es su tierra. '

«Tú lo dices, tú sacerdote, y ... te escuchamos con el corazón triste y te creemos. ¡Pero qué doloroso es! ... ¿Cuando he de ver a esa casa, donde me convertí en Madre? 'Pregunta María, llorando en silencio.

La Presentación de Jesús en el Templo

Como el padre tiende a repetir una y otra vez, lo que ha disfrutado, la ley de la presentación de los primogénitos fue creado para que los justos de Israel pueden santificar siempre sus primeros hijos nacidos de Dios Padre, con la esperanza de que uno de esos hijos primogénitos sea el Dios-Hombre con quien Dios es a la vez Padre y Uno. María entiende esto y en la víspera de la presentación, María ora al Padre diciendo:

¡Señor mío y Dios Altísimo, el Padre de Mi Señor, un día festivo para el cielo y la tierra será aquél en que te traeré y ofreceré en tu santo Templo, la hostia viviente y Tesoro de Su Divinidad. Generoso, oh mi Dios y Señor, es esta oblación y Tú puedes derramar, a cambio de ello, Tus misericordias sobre la raza humana; perdonar a los pecadores, consolar a los afligidos, ayudar a los necesitados, enriquecer a los pobres, fortalecer a los débiles, iluminar a lod ciegos y mostrarles el camino a los que se han extraviado lejos. Esto es lo que pido en ofrenda a Ti, tu Unigénito, quien, por su condena misericordiosa es también por Hijo. Si tú me lo has dado a mí como un Dios, yo te lo vuelvo a Ti como Dios y Hombre. Su valor es infinito y lo que te pido es

mucho menor. En la opulencia, yo volveré a tu santo templo del que partí pobre. Y Mi alma te maginificará para siempre porque Tu divina mano derecha se ha mostrado hacia mí tan liberal y poderosa".

La Sagrada Familia se prepara para el Templo acompañada como siempre lo estuvo por sus diez mil fuerte ángeles guadianes y otros cuatro mil enviados del cielo para la ocasión.

María, vestida de blanco, con un manto de color azul pálido y un velo blanco sobre la cabeza, desciende con cuidado por una escalera exterior de una casa modesta en Belén, llevando con el mayor cuidado en sus brazos, su Niño envuelto en tela blanca.

José, con una túnica de color marrón claro y un manto del mismo color, está esperando al pie de las escaleras con un pequeño burro gris. Él mira a María mientras Ella se acerca y le sonríe. Cuando María llega, coloca el fenillo del burro en su brazo izquierdo y toma al niño dormido por un momento, mientras María se instala en la silla de montar del burro. Luego le entrega a Jesús a Ella y se dirigen al templo de Jerusalén.

Sosteniendo las riendas en la mano, José camina al lado de María, manteniendo el burro en un claro camino recto para que no se caiga. María extiende el borde de su manto sobre

Jesús, en su regazo, para mantenerlo caliente. Y al salir, la pareja habla poco pero se sonríen a menudo. Es un camino sinuoso en un campo hecho estéril por el duro invierno y hay pocos viajeros en el camino.

Entran en la ciudad a través de una puerta y continúan por encima del pavimento roto de la estrecha carretera que corre un poco cuesta arriba entre las altas casas con puertas bajas estrechas y sólo unas pocas ventanas en el camino. Muchas tiras azules delgadas asoman desde el cielo asoman entre las terrazas.

Hay muchos gritos y mucha gente en las calles, algunos a pie, otros en burros, otros llevando a burros cargados y una multitud después de una engorrosa caravana de camellos.

La Sagrada Familia avanza irregular ya que el tráfico hace que el burro que pare y continúe a menudo y los agujeros en el pavimento sin piedras, hacen que el pobre animal se sacuda de forma continua, por lo que montar es incómodo para la Madre y el niño.

Una patrulla romana pasa con un gran estrépito de los cascos y los brazos y desaparece más allá de un arco construido a través de un camino pedregoso estrecho.

José gira a la izquierda en un camino más agradable en general y los muros de Jerusalén surgen al final de la calle.

En el puesto de burro cerca de la puerta, María se desmonta.

José da unas monedas a un pequeño hombre que se le ha acercado, por un poco de heno y un poco de agua que saca de un cubo de un pozo rústico en la esquina. Da de comer al burro y se reúne con María y ambos entran en el recinto del Templo.

Ellos van a una sala de juegos con los comerciantes que venden corderos y palomas y cambistas de dinero. A estos comerciantes, Jesús se dispersará un día. Por ahora, José compra dos pequeñas palomas blancas y luego van para una gran puerta lateral adornada con ocho escalones que todas las puertas parecen tener, porque el centro del Templo se eleva por encima de su entorno.

En el interior, hay una gran sala con altares rectangulares a la derecha y a la izquierda. La parte superior de los altares son como cuencas con los bordes exteriores más altos que el interior de unos pocos centímetros.

Un sacerdote se acerca y María ofrece sus dos palomas y un puñado de monedas y el sacerdote la rocía con un poco de su agua lustral. Entonces Ella acompaña al sacerdote en la antecámara del Templo.

Se trata de una gran sala adornada con cabezas de ángeles esculpidos y de palmeras que adornan las columnas, las paredes y el techo. La luz se filtra a través de largas ventanas estrechas establecen en diagonal en las paredes.

María se mueve hacia adelante y se detiene a pocos metros de un tramo de escaleras que conducen a un altar, más allá de lo más Santo de los Santos, el Tabernáculo, donde sólo los sacerdotes pueden ir.

Jesús, ahora despierta, mira con ojos inocentes al sacerdote María lo ofrece antes la mirada atónita del infante de unos pocos días. El sacerdote lo toma en sus brazos y sube a la cima de las escaleras, en el altar.

María comienza a orar y a la vez se sumerge en una visión interna, aunque exteriormente, Ella sigue estando plenamente presente. José también siente la dulce presencia del Espíritu Santo, que lo llena de alegría y de luz divina.

El sacerdote levanta a Jesús, con los brazos completamente extendidos, hacia el Santo de los Santos y María escucha una voz en su visión que le dice:

"Este es mi Hijo Amado, en Quien tengo Complacencia"

La presentación termina, el sacerdote lleva de nuevo al Niño, lo entrega a su Madre y luego se va.

Un anciano hombrecillo encorvado, de entre un grupo de espectadores, hace su camino apoyándose en un bastón. Simeón debe tener más de ochenta años de edad. Él es un creyente sencillo, un hombre santo, no un sacerdote. Él ve a la familia Santa rodeada por la luz del Espíritu Santo, y él viene a María y le pide que le de al Niño por un momento y María le obliga, sonriendo.

Simeón toma al Niño, lo besa y Jesús le da su sonrisa de bebé y mira al anciano inquisitivamente porque el viejo está llorando y riendo al mismo tiempo, las lágrimas formando un bordado brillante corriendo por su cara arrugada y pedrería en su larga blanca barba que Jesús llega a tocar.

María y José sonríen. Y también lo hacen los otros que alaban la belleza del Niño.

"Consideren a este Niño para la caída y el levantamiento de muchos en Israel. Y una señal, que se contradice', Simeón dice.

Y luego a María, él añade 'Y a tu propia alma, una espada traspasará, y de muchos corazones, los pensamientos pueden ser revelados'.

Cuando Simeón menciona la espada y el signo de la contradicción, Jesús, inclina su cabeza infantil, como un acto interior de obediencia al Padre.

José está sorprendido por las palabras de Simeón, mientras que María advierte el acto de obediencia de Jesús al Padre y se conmueve profundamente. Y cuando Simeón menciona dolor, su sonrisa se desvanece y Ella se pone pálida. Aunque

Ella ya lo sabe, esa palabra atraviesa su alma. Toda la alegría de María se transforma en tristeza, ya que es, en este momento, que Ella comprende más claramente y con mayor detalle el sufrimiento y la cruel muerte que le espera; Él será perseguido en todos los sentidos, su enseñanza opuesta no creída, su reputación aunque noble de ascendencia real, será despreciada, Él será tratado como un campesino, aunque Él es la Sabiduría misma, Él será tratado como ignorante, un loco, un borracho, un glotón, amigo de publicanos y pecadores, y como un falso Profeta. Él será tratado como un hereje, un hechicero y llamado poseído por los demonios para echar fuera a los demonios.

Él estará con los ojos vendados, burlado, su santo rostro maltratado y profanado. Será llamado blasfemo por que afirma ser el Hijo de Dios y ellos sirán que es culpable de muerte, Él será considerado tan notoriamente malo que los Judíos le dirán a Pilato que ninguna prueba es necesaria para condenarlo a muerte.

Ella se acerca a José para confortarse y presiona a su Hijo a su pecho con pasión.

Algunos en la multitud también se mueven, otros sorprendidos, pero otros, entre ellos algunos miembros del Sanedrín, se ríen de las palabras del anciano, niegan con la cabeza y miran al viejo hombre con una mirada de lástima pensando en lo loco que está.

"Mujer", dice Ana de Fanuel, 'Él Quien ha dado un Salvador a su pueblo, no le faltaré el poder para enviar a su ángel para consolar tus lágrimas. A las grandes mujeres de Israel nunca les faltó la ayuda del Señor y Tú eres más grandiosa que Judith y Jael. Nuestro Dios te dará un corazón de oro más puro para soportar la tormenta de dolor, por lo que Tú serás la mujer más grandiosa de la creación: la Madre. Y Tú Hijo, recuérdame en la hora de tu misión".

Por medio de estos dos viejos santos, el testimonio público de la venida del Redentor se da al mundo.

La Canción de Cuna de María

María deja su labor para amamantar y cambiar de ropa a Jesús de seis meses en su pequeña habitación en Belén, donde también está su telar.

Afuera, el sol poniente ha coloreado el cielo despejado con muchas nubes de oro. Las manadas en los pastos están haciendo su camino de regreso a sus moradas, pastando en la última hierba del prado florido, balando con sus cabezas levantadas.

Jesús tiene sueño, pero está poco inquieto, como si él sufriera algún problema de dentición u otra dolencia infantil.

María le canta una dulce canción de cuna, un verdadero cuento de Navidad, con una voz pura y clara para tranquilizarlo para dormir:

«Pequeñas nubes de oro - parecen los rebaños del Señor

En el prado lleno de flores - otro rebaño está mirando.

Pero si tuviera todos los rebaños - que existen en el mundo,

Mi más querido corderito - Siempre lo serías Tú.

Duerme, duerme, duerme, duerme,

No llores más ...

Muchas estrellas brillantes - están brillando en el cielo.

Que Tus dulces ojos gentiles – no viertan más lágrimas.

Tus ojos de zafiro - son las estrellas de mi corazón.

Tus lágrimas me hacen llorar - ¡oh! No llores más.

Duerme, duerme, duerme, duerme,

No llores más...

Todos los ángeles brillantes - que en el cielo están,

Forman una corona de flores en torno a Ti, Niño inocente - embelesados por tu rostro.

Pero Tú estás llorando por tu mamá - Mamá, mamá, má.

Para cantar tu canción de cuna - lulla , lulla , lu .

Duerme, duerme, duerme, duerme,

No llores más ...

El cielo pronto se volverá rojo - y el amanecer pronto estará de regreso,

Y mamá no tuvo descanso - para asegurarse de que no llores.

« Mamá » cuando estes despierto vas a llamarme - « Hijo » Yo te responderé.

Un beso de amor y vida – voy a darte con mi pecho.

Duerme, duerme, duerme, duerme ,

No llores más ...

Tú necesitas a Tu mamá - También si sueñas con el Cielo.

¡Ven, ven! Bajo Mi velo - Yo te haré dormir.

Mi pecho es tu almohada - Tu cuna Mis brazos,

No temas, mi querido - Estoy aquí contigo ... Duerme, duerme, duerme, duerme,

No llores más...

Yo siempre estaré contigo - Tú eres la vida de mi corazón

Él está durmiendo como una flor - Descansando en mi pecho Él está durmiendo

¡Calmado! - Su padre tal vez ve,

Y la visión enjuaga las lágrimas - De mi dulce Jesús.

Él duerme, duerme , duerme , duerme,

Y Él no llora más... »

Ella canta con tanta gracia y amor, y su voz es tan indescriptiblemente pura que la dulce melodía parece invocar el Paraíso mismo. Y Ella mece la cuna muy suavemente mientras canta.

Pero Jesús no parece conformarse, por lo que Ella lo coge en sus brazos, y se sienta junto a la ventana abierta con la cuna a su lado, y moviéndose suavemente al ritmo de la canción, Ella repite la canción de cuna de nuevo, dos veces, hasta que Jesús cierra sus pequeños ojos, gira su cabeza en el pecho de su Madre y se queda dormido con la cabeza apoyada en la acogedora calidez del pecho de su Madre, con una mano también en su pecho, cerca de su mejilla sonrosada y el otro relajado en su regazo. Y así Él duerme, a la sombra del velo de su Madre.

Entonces María se levanta, le pone cuidado en la cuna, lo cubre con pequeña ropa de cama, extiende un velo para protegerlo de las moscas y el aire fresco y luego se queda contemplando a su tesoro dormir. Ella sigue apoyada con una mano en la cuna lista para mecerlo si se despierta, la otra apoyada en su corazón mientras ella sonríe feliz así como el silencio y la oscuridad del exterior caen y se arrastran a su pequeña habitación virginal.

La Adoración de los Reyes Magos

Volviendo a la noche en que nació Jesús, un ángel lleva la noticia a Meridional Asia, Mongolia y la región del Nilo. Fuera del aire, el ángel hace una estrella gloriosa que, aunque más pequeña que las estrellas del cielo, se acerca más a la tierra y por lo tanto se ve mucho más grande. La estrella será una guía para atraer a los elegidos a Belén para la adoración. Viajando en la noche solamente, durante muchos meses, con su luz más bella, que ilumina el cielo de la noche y del día, se mezcla la luz con la del sol.

Es tarde en la noche de Belén, las calles están desiertas y la luz de la luna plateada hace que la pequeña ciudad parezca una cría de pollos durmiendo bajo las estrellas.

La luz se hace más brillante , que desciende de un cielo oriental lleno de estrellas tan brillantes, tan grande y aparentemente tan bajo que es posible alcanzar y tocar las flores brillantes en la oscuridad aterciopelada de la bóveda del cielo.

Una sola estrella, mucho más grande que la Luna cruza a través del cielo de Belén, eclipsando a todas las otras estrellas como una reina va pasar sus doncellas en la gloria luminosa. La estrella se parece a una esfera de enorme zafiro pálido iluminado desde dentro por su propio sol y envía un rastro de luz espectral con diferentes tonos de ópalos opalescentes; topacios rubios, esmeraldas verdes, destellos de rubíes y amatistas brillantes suaves de color rojo sangre se mezclan con predominantes zafiros pálidos. El rápido sendero ondulante que barre el cielo está lleno de todos los colores de todas las piedras preciosas de la tierra. Pero el tono de zafiro pálido celestial que emana del mundo, se lava sobre las casas, las calles, los jardines de Belén - la cuna del Salvador, dándole un tinte azul plateado que transforma a la pobre ciudad en una fantástica ciudad de plata sacada de un cuento de hadas, y transforma el agua de sus fuentes y otros buques en diamante líquido.

Con radiación más brillante que la luz, la estrella llega a descansar sobre la pequeña casa en la parte más estrecha de la esquina. Pero los habitantes de la casa, al igual que la gente de Belén están todos dormidos a puerta cerrada. La estrella acelera sus pulsaciones brillantes causando que el sendero vibre y ondule cada vez más rápido en un semicírculo en el cielo nocturno, dibujando una red de estrellas llenas de brillantes joyas preciosas de colores en las tonalidades más elegantes e iluminando el cielo con un alegre baile.

La casita es transfigurada por el fuego líquido de las gemas, el techo de la pequeña terraza, la escalera de piedra oscura, la pequeña puerta son como bloques de plata pura rociados con polvo de diamante y perla, ningún palacio real en la tierra ha tenido nunca esta belleza, o se verá similar; construido para el uso de los ángeles y por la Madre de Dios.

Pero la virgen, despierta, y sin darse cuenta, está arrodillada junto a la cuna de su Hijo para rezar. Hay esplendor en su alma que supera lejos al esplendor de afuera.

Desde la carretera principal, una cabalgata de caballos enganchados llevados a mano, dromedarios y camellos con jinetes y transportando cargas se acercan con ruido de cascos, como susurro del agua que rompe contra las piedras de un torrente. Cuando llegan a la casa, todos se detienen.

Con esta luz de la estrella, la cabalgata parece una fantasía de esplendor de arneses de los montes más ricos, la ropa de los jinetes, sus rostros, sus equipajes.... todo brilla. Y el brillo de la estrella aumenta el brillo de los metales, pieles, sedas, joyas y abrigos. Sus ojos están radiantes y sus bocas sonrientes porque otro esplendor brilla en sus corazones: un esplendor de alegría sobrenatural.

Tres miembros de la caravana desmontan y caminan hacia la casita, mientras los criados se dirigen rápidamente a los animales en el patio de la posada de los viajeros.

Los tres hombres se postran en el suelo con la frente, y lo besan. Con su ricos atuendos, está claro que son hombres de poder. Uno de ellos, de una tez muy oscura, que bajó de un camello, está envuelto en Sciamma – un prenda etíope de seda pura brillante, ajustada a la cintura por una faja preciosa que también tiene una larga daga o tal vez una espada con una enjoyada empuñadura.

De los otros dos, ambos llegaron en caballos espléndidos, uno lleva un bonito vestido con rayas amarillas predominantes, formado como una capa suelta de largo con una capucha y cordón, con muy ricos bordados de oro para que se ven como filigrana de oro.

El tercer hombre está vestido con una camisa de seda inflada con grandes pantalones largos y estrechos en los tobillos y está envuelto en un chal muy fino que se parece a un jardín de flores, tan brillante son las flores que lo decoran. En la cabeza, lleva un turbante sostenido en su lugar por una cadenita cubierta de diamantes.

Terminan de adorar el suelo fuera de la casa donde el Salvador está y regresan a la posada de los viajeros donde los sirvientes han golpeado y entrado.

Algunas horas más tarde, cuando el sol brilla en el cielo de la tarde, un criado que sale de las posada de los viajeros y cruza la plaza a la pequeña casa en la que se sube por las escaleras y entra, momentos más tarde, vuelve a salir y vuelve a la posada.

Un cuarto de hora más tarde, los tres Reyes Magos vienen de la posada, cada uno seguido por su propio criado. Los magos se visten más ricamente de lo que estaban la noche anterior, sus sedas brillan, brillan sus joyas, con un gran ramo de plumas en un turbante que tiene incrustaciones de astillas preciosas.

Mientras caminan solemnemente por la plaza, unos pocos transeúntes paran y miran.

Uno de los sirvientes lleva un cofre ornamentado reforzado con oro grabado.

El segundo sirviente tiene un hermoso cáliz con un acabado fino y una tapa de oro puro, también finamente terminado.

El tercer sirviente tiene un ánfora baja ancha de oro con una tapa en forma de pirámide rematada con un diamante.

La tensión en los rostros de los sirvientes muestran que los dones que acarrean son pesados, pero el criado con el cofre parece llevar el más pesado de todos ellos.

Suben las escaleras y entran en una habitación que se extiende desde la carretera en la parte delantera a la parte trasera de la casa. La luz del sol entra por una ventana en la parte posterior, a través de la cual se ve el pequeño jardín de la cocina. Desde las puertas de las otras dos paredes, los propietarios de la casa, un hombre, una mujer, unos muchachos y los niños más pequeños, echaron miradas de reojo.

María está sentada con Jesús en su regazo y José de pie a su lado, pero Ella se levanta y se inclina cuando los Reyes Magos aparecen.

Ella lleva un vestido blanco largo hasta los tobillos y las muñecas delgadas y sus trenzas rubias forman una corona sobre su hermoso rostro, ahora un poco más rosado de la emoción.

"Que Dios esté con vosotros", dice María a los Reyes Magos, sus ojos sonríen dulcemente.

Los tres Reyes Magos se detienen completamente por un momento de asombro. Entonces ellos se adelantan y se postran a sus pies. Entonces ellos le piden a María que se siente.

María le pide a los Reyes Magos que se sienten, pero permanecen de rodillas, se relajan en sus talones. Los tres sirvientes presentan los tres dones y los ponen delante de los Magos. Luego regresan al umbral y se arrodillan detrás de sus amos.

Los tres Reyes Magos contemplan los nueve meses de edad de Jesús, sentado en el regazo de su Madre, sonriendo y parloteando con voz aguda como un pajarito. Él está vivo y fuerte y lleva una túnica blanca simple de la cual, sus pies calzados con sandalias blancas inquietos se asoman. Sus regordetas manitas quieren apoderarse de todo. Él tiene la carita más hermosa, con dos ojos de color azul oscuro brillantes, hoyuelos en las mejillas y una boca bonita que muestra sus primeros dientes diminutos cuando sonríe. Y sus bonitos rizos son tan brillantes que parecen polvo de oro.

En nombre de los tres, el más antiguo de los Reyes Magos le explica a María que una noche del pasado mes de Diciembre, una estrella inusualmente brillante apareció en el cielo. La estrella no se conoce ni nunca se mencionó en los mapas del cielo antes, y su nombre también se desconoce, ya que no tiene nombre.

Nacido fuera del seno de Dios, ha florecido para decirle a los hombres una bendita verdad, un secreto de Dios. Pero los hombres no le prestan atención porque sus almas están empapadas de barro. Ellos no levantan sus ojos a Dios, ni tampoco pueden leer las palabras que escribe con estrellas de fuego en la bóveda del cielo. Que sea bendito por siempre.

Los tres Reyes Magos ven la estrella y hacen grandes esfuerzos para comprender su significado; felizmente se abstienen de dormir y olvidan incluso de comer, se dedican por entero a estudiar el zodíaco, la alineación de las estrellas, el tiempo, la temporada y la hora. Y la combinación de todo esto les dice que el nombre de la estrella es "El Mesías"

Y es secreto: " El Mesías ha venido al mundo".

Y se dispusieron a adorarlo a Él, cada uno desconocido para los demás; desde la meridional Indias, que es la actual Turquía, Afganistán y Persia. Las cadenas de montañas de Mongolia que son el dominio de las águilas y los buitres, donde Dios habla de los vientos y los torrentes que rugen y escribe palabras de misterio sobre las inmensas páginas de glaciares. Y de dónde surge y fluye el Nilo con sus verdes aguas azules para el corazón azul del Mediterráneo.

Suben las montañas y los valles, cruzan ríos y desiertos; vastos océanos más peligrosos que los mares, los que viajan en la noche, en dirección a Palestina porque la estrella los está llevando en esa dirección. Cada uno de ellos desconocido para los demás. Y para cada uno de ellos, desde tres puntos distintos de la tierra, la estrella va en esa dirección.

Y luego se reúnen más allá del Mar Muerto donde la voluntad de Dios los ha reunido y empiezan a reunirse entre ellos sobre lo que habían visto, la revelación que habían recibido y donde sus planes estaban, y encontraron que sus historias eran idénticas. Y así siguen juntos. Y a pesar de que cada uno de ellos habla en su propio idioma, se entienden entre sí por un milagro del Padre Eterno, una anticipación del milagro de Pentecostés que pasará más de treinta y tres años después.

Ellos van a Jerusalén, porque el Mesías es ser el Rey de los Judíos. Pero cuando llegan allí, la estrella se oculta en el cielo de esa ciudad. Y sienten sus corazones romperse con el dolor. Y se examinan a sí mismos para ver si han dejado de merecer a Dios pero sus conciencias los tranquilizan.

Así que van al Rey Herodes y le piden que les diga en qué palacio real del Rey de los Judíos nació para que puedan ir a adorarlo.

Herodes reúne a los jefes de los sacerdotes y de los escribas y les pregunta dónde pudo haber nacido el Mesías, y ellos contestan "En Belén de Judá".

Así que vienen hacia Belén y tan pronto como salen de la Ciudad Santa, la estrella reaparece con ellos de nuevo.

La noche antes de entrar en Belén, el brillo de la Estrella aumenta y todo el cielo está en llamas.

Luego la estrella se detiene sobre esta casa, tragándose toda la luz de las otras estrellas en su luz. Y para que entiendan que el Bebé Divino nació aquí.

Y ahora, ellos lo están adorando, ofreciendo sus regalos y, sobre todo, sus corazones, que nunca dejan de agradecer a Dios por la gracia que les ha dado.

Ni nunca van a dejar de amar a su Hijo, cuyo santo cuerpo humano ahora se ha visto.

Más tarde, planean volver al rey Herodes, porque él también quiere adorarlo.

Mientras tanto, aquí hay un poco de oro, lo que le corresponde a un rey.

Aquí hay un poco de incienso, que conviene a un Dios.

Él experimentará la amargura de la carne, la amargura de la vida humana y la ley inevitable de la muerte. Nuestras almas, llenas como están con el amor, prefieren no pronunciar estas palabras y prefieren pensar que su carne será eterna como su Espíritu lo es. Pero, mujer, si nuestros escritos, y sobre todo, nuestras almas están en lo cierto, Él es Tu Hijo, el Salvador, el Cristo de Dios. Y así, para salvar al mundo, tendrá que entregarse al mal del mundo, en el cual la muerte es uno de sus castigos.

Esta mirra es para esa hora. Para que su santa carne no esté sujeta a la pudrición de la decadencia, pero puede ser conservada entera hasta su resurrección. A causa de este don, que Él nos recuerde y guarde a sus siervos permitiéndoles entrar en Su Reino.

Mientras tanto, para que podamos ser santificados, Tú, Madre, confía a Tu pequeño a nuestro amor para que su bendición celestial pueda venir sobre nosotros mientras besamos sus pies.

Ocultando la tristeza causada por las palabras del sabio, María ofrece al Niño; Ella lo pone en los brazos del Rey Mago más Viejo que lo besa y recibe las caricias de Jesús. Y entonces lo entrega a los otros dos.

Jesús sonríe y juega con las pequeñas cadenas y flecos de sus mantos. Él mira con curiosidad el cofre abierto lleno de una sustancia de color amarillo brillante y sonríe al arco iris producido por el sol que brilla en la brillante tapa de la mirra.

Luego entregan al niño de vuelta a María y se levantan. María también se levanta y se saludan entre sí después de que el joven ha dado una orden al sirviente quien se retira.

Los tres hombres hablan por un tiempo. Ellos no pueden decidirse a salir de la casa. Las lágrimas brillan en sus ojos, pero al fin se mueven hacia la puerta acompañados de María y José.

Jesús quiere bajar y darle la mano al más viejo de los tres. Y Él camina por lo tanto, en poder de las manos de María y el hombre sabio, quien se agacha para sostenerlo. Jesús camina con paso vacilante, como todos los niños, y le gusta dar patadas con sus pequeños pies en la franja de suelo iluminado por el sol.

La sala corre a lo largo de la casa por lo que toma un poco de tiempo antes de alcanzar el umbral en el que los Reyes Magos se arrodillan de nuevo y besan los pies de Jesús.

María, inclinándose sobre el Niño, toma su mano y lo guía en un gesto de bendición sobre la cabeza de cada hombre sabio, en el signo de la cruz trazada por los pequeños dedos de Jesús, guiados por María.

Los Reyes Magos bajan las escaleras donde los espera su caravana, donde los caballos brillan en el sol poniente. Personas se han reunido en la pequeña plaza para ver este espectáculo inusual.

José baja con los Magos y sostiene el estribo, ya que cada uno monta su propio caballo y camello.

María levanta a Jesús en el amplio alero y lo sostiene contra su pecho con el brazo para evitar que se caiga, Jesús se ríe y aplaude con sus manos.

Los sirvientes y amos están todos montados y alguien da la orden de partida.

Los Reyes Magos, una vez más hacen una reverencia tan baja como los cuellos de sus caballos en un último gesto de homenaje. José se inclina. María se inclina y Ella guía la mano de Jesús de nuevo en un gesto de despedida y bendición.

FIN

Si te ha gustado este libro, por favor escribe un comentario. Damos la bienvenida a sus comentarios. ¡Gracias!

Extractos de las Secuelas

La Infancia de Jesús

....

Los sonidos de José trabajando en su taller de Nazaret derivan en medio del silencio de la sala comedor donde María está cosiendo unas tiras de lana que Ella misma ha tejido. Las tiras tienen alrededor de un metro y medio por tres metros de largo, de los que Ella planea hacer un manto para José.

Puntas erizadas de pequeñas margaritas azules violetas en flor se pueden ver a través de la puerta abierta que conduce a la huerta, anunciando el otoño, aunque las plantas en el jardín están todavía espesas y hermosas con follaje verde.

Las abejas de dos colmenas apoyadas contra una pared soleada están volando alrededor en el sol brillante, zumbando y danzando de la higuera de la viña y luego al granado cargado de frutos redondos, algunos de los cuales ya han reventado por su crecimiento excesivo, dejando al descubierto las cuerdas de rubíes jugosas alineados dentro de los ataúdes de color verde rojo divididos en secciones amarillas.

Jesús, con su cabecita rubia como un resplandor de luz, está jugando bajo los árboles con dos niños, sus primos Santiago y Judas, que tienen su misma edad. Tienen el pelo rizado, pero no son rubios.

Uno, por el contrario, tiene rizos muy oscuros que hacen que su carita redonda parezca más blanca, y dos hermosos y grandes, muy abiertos ojos azul violeta.

El otro es menos rizado y su pelo es de color marrón oscuro, sus ojos también son marrones y su tez oscura, con un tono rosado en las mejillas.

Los tres niños están jugando a las tiendas en perfecta armonía con los carritos en los que hay varios artículos: hojas, pequeñas piedras, virutas de madera, pequeños trozos de madera.

Jesús es el que compra las cosas para su mamá, a quien le lleva ahora una cosa y luego otra. María acepta todas las compras con una sonrisa.

Entonces el juego cambia. Santiago, uno de los dos primos propone: " Vamos a jugar en el éxodo de Egipto. Jesús será Moisés, yo seré Aarón, y tú ... María. '

'Pero yo soy un niño! ' Protesta Judas.

'No importa. Es exactamente lo mismo. Tú eres María, y podrás bailar delante del becerro de oro y el becerro de oro es la colmena por allí. '

'No voy a bailar. Yo soy un hombre y no quiero ser una mujer. Soy un fiel creyente y yo no voy a bailar ante un ídolo.'

Jesús les interrumpe: "No vamos a jugar esa parte. Vamos a jugar este otro: cuando Josué es elegido sucesor de Moisés. Así que no habrá pecado terrible de la idolatría y Judas estará encantado de ser un hombre y mi sucesor. ¿Estás feliz?

"Sí, lo estoy, Jesús. Pero entonces Tú tendrás que morir, porque Moisés muere después. Pero yo no quiero que mueras; siempre has sido tan afectuoso conmigo '.

'Todo el mundo muere... pero antes de morir bendeciré a Israel, y ya que vosotros sóis los únicos aquí, voy a bendecir a todo Israel en vosotros'.

Ellos están de acuerdo. Luego hay un argumento: si el pueblo de Israel, después de tanto viajar, todavía tenían los mismos carros que tenían cuando salieron de Egipto. Hay una diferencia de opinión.

Ellos van con María. 'Mamá, yo digo que los israelitas todavía tenían los carros. Santiago dice que no. Judas no lo sabe. ¿Quién tiene razón?. ¿Sabes? '

"Sí, mi hijo. Los pueblos nómadas todavía tenían sus carros. Ellos los reparaban cuando se detenían a descansar. Las personas más débiles viajaban en ellos y también los productos alimenticios y las muchas cosas que eran necesarias para tantas personas eran cargados en ellos. Con la excepción del Arco, que se realizó a mano, todo lo demás estaba en los carros'.

La pregunta está ahora respondida, los niños van a la parte inferior de la huerta y desde allí, cantan salmos, llegan a la casa con Jesús continuando los salmos de canto con sus voces plateadas suaves, seguido de Judas y Santiago sosteniendo un carrito elevado al rango del Tabernáculo.

Pero, ya que también tienen que hacer el papel de personas, además de Aarón y Josué, con sus cinturones han atado otros carros en miniatura a sus pies y por lo tanto se procede con mucha seriedad, como verdaderos actores.

Completan la longitud total de la pérgola y cuando pasan delante de la puerta de la habitación de María, Jesús dice: ' Mamá, graniza el Arco cuando pase.'

María se pone de pie sonriendo, y Ella se inclina ante su Hijo, que pasa, radiante bajo el sol brillante.

Entonces Jesús se encarama por la ladera de la montaña que forma el límite externo del jardín, está de pie en la cima de la pequeña gruta, y le habla a ... Israel, repitiendo las órdenes y las promesas de Dios. Entonces nombra líder a Josué, lo llama, y luego Judas a su vez sube por el acantilado. Jesús-Moisés anima y bendice a Judas, Josué... y luego le pide un ... pastilla (una gran hoja de parra), escribe el cántico y lo lee.

No está del todo completo, pero contiene una gran parte y Él parece estar leyéndolo desde la hoja. Entonces Él rechaza a

Judas-Josué que le abraza llorando. Jesús-Moisés sube más arriba, a la derecha hasta el borde del acantilado y desde allí, bendice a todo Israel, y los dos postrados en el suelo. Luego se acuesta en el pasto corto, cierra los ojos y ... muere.

Cuando lo ve acostado todavía en el suelo, María, que ha estado observando desde la puerta sonriendo, grita: "Jesús, Jesús! ¡Levántate! No te acuestes de esa manera! ¡Tu mamá no quiere verte muerto!'.

Jesús se levanta sonriente, corre hacia Ella y la besa. Santiago y Judas también bajan y reciben caricias de María.

'¿Cómo puede Jesús recordar el cántico que es tan largo y difícil, y todas esas bendiciones? ", pregunta Santiago.

María sonríe y responde: " Su memoria es muy buena y le presta mucha atención cuando lo lee. '

-Yo también, en la escuela, presto atención. Pero luego me da sueño con todo el bullicio ... ¿nunca podré aprender entonces? '

'Vas a aprender, serás bueno'.

Hay un golpe en la puerta y José camina rápidamente a través de la huerta y la casa y la abre.

'La paz sea con vosotros, Alfeo y María, José recibe a su hermano y a su cuñada, que han dejado su carro rústico y burro de aspecto saludable que espera en la calle.

¡Y a Ti, y bendiciones!

"¿Habéis tenido un buen viaje?

-Muy bien. ¿Y los niños? '

"Ellos están en el jardín con María'.

Pero los niños han venido a saludar a su madre. Y lo hace María, que tiene a Jesús de la mano. Las dos cuñadas se besan.

'¿Han sido buenos? pregunta María de Alfeo.

"Muy buenos y muy queridos' responde María. ' ¿Todos los familiares están bien?'.

-Sí, todos lo están. Te envían sus saludos. Y ellos les han enviado muchos regalos de Caná, uvas, manzanas, queso, huevos, miel.....

Y.... ¿José? .... He encontrado justo lo que quería para Jesús. Está en el carro, en la canasta redonda', añade María de Alfeo, inclinándose sobre Jesús, que la mira con los ojos muy abiertos.

"..... ¿Sabes lo que tengo para Ti? ..... 'adivina', pregunta besando sus dos tiras de cielo azul.

Jesús piensa, pero no puede adivinar..... tal vez deliberadamente con el fin de darle a José el gozo de darle una sorpresa. José, de hecho, entra, llevando una gran cesta redonda, la pone en el suelo delante de Jesús y desata la cuerda que sujeta la tapa en su lugar y la levanta.... y una pequeña oveja blanca, un rebaño real de espuma, aparece, durmiendo en el heno limpio.

'¡Oh! 'exclama Jesús, sorprendido y feliz. Está a punto de precipitarse al animalito, pero luego se da la vuelta y corre hacia José, que aún se inclina sobre la canasta, lo besa y le da las gracias.

Los dos pequeños primos miran con admiración a la pequeña criatura, que ahora está despierta y levantando su cabecita sonrosada, balando, en busca de su madre. Lo sacan de la cesta y le ofrecen un puñado de trébol y le permiten recorrer, mirando a su alrededor con sus ojos suaves.

'¡Para Mi ! ¡Para mí! ¡Gracias padre! canta Jesús con alegría.

'¡Te gusta tanto! '

'¡Oh! ¡Muchísimo! 'Blanca, limpia .... un pequeño cordero .... Oh! ' Y Él lanza sus bracitos alrededor del cuello de la oveja, pone su cabeza rubia sobre su cabecita y se mantiene por lo tanto, feliz.

'He traído dos más, también para vosotros', dice Alfeo a sus hijos. "Pero ellos son oscuros. Vosotros no sóis tan ordenado como Jesús y sus ovejas estarían siempre sucias si fueran blancas. Ellas serán su rebaño; podrás mantenerlas juntas y lo que ya no va a perder el tiempo en las calles, vosotros dos pequeños granujas, lanzando piedras unos a otros ».

Judas y Santiago ambos corren hacia el carro y ven a las otras dos ovejitas, que son más negras que blancas, mientras que Jesús lleva a su oveja al huerto, le da un poco de agua para beber y la pequeña mascota lo sigue como si lo hubiera conocido a Él de toda la vida. Jesús la llama y la nombra "Nieve" y la oveja bala feliz en respuesta.

Los invitados se sientan a la mesa y María les ofrece un poco de pan, unas aceitunas, un poco de queso y una jarra de líquido de un color muy pálido, que podría ser sidra o agua endulzada con miel.

Los adultos conversan mientras los tres niños juegan con sus mascotas que Jesús quiere que se reúnan para que Él puede darles agua y un nombre.

"La tuya, Judas, será llamada "Estrella", ya que tiene esa marca en su frente....... Y el nombre de la tuya será "Llama", ya que tiene los colores ardientes de ciertas brasas fulminantes.

"De acuerdo".

Los adultos están hablando y Alfeo dice "espero haber resuelto el asunto de las peleas de los chicos. Tuve la idea de su pedido, José. Me dije a mí mismo: "Mi hermano quiere una ovejita para Jesús para que Él pueda tener algo con que jugar y voy a traer dos más para los chicos traviesos para mantenerlos callados un poco y evitar discusiones continuas con otros padres sobre cabezas golpeadas y rodillas lastimadas.... con la escuela y con las ovejas, lo manejaré para mantenerlos callados". Pero este año, también, tendrán que enviar a Jesús a la escuela. Ha llegado el momento'.

"Nunca voy a enviar a Jesús a la escuela", dice Mary resueltamente. Es bastante raro oírla hablar así, y más aún, a oírla hablar delante de José.

'¿Por qué? El niño debe aprender a estar listo a tiempo para pasar su examen cuando sea mayor de edad... "

'El niño estará listo. Pero Él no va a ir a la escuela. Eso es definitivo'.

'Serás la única mujer en Israel haciendo eso'.

'Seré la única. Pero eso es lo que voy a hacer. ¿No es cierto José?

-Sí, eso es correcto. No hay necesidad de enviar a Jesús a la escuela. María se crió en el Templo y Ella conoce la ley, así como cualquier doctor. Ella va a ser su maestra. Eso es lo que yo quiero también'.

'Echarás a perder al niño".

'No se puede decir eso. Él es el mejor niño de Nazaret. ¿Alguna vez lo has oído llorar, o ser travieso, o desobediente o faltar el respeto? "

'No. Eso es verdad. Pero Él hará todo eso que si Tú continúas mimándolo.

'Tú no necesariamente estropeas a tus hijos sólo porque los mantienes en tu casa. Para mantenerlos en casa implica amarlos con buen sentido común y de todo corazón. Y así es como amamos a nuestro Jesús. Y ya que María es una mejor educación que un maestro, ella será la "Maestra" de Jesús.

"Y cuando Jesús sea un Hombre, Él será como una pequeña mujer tonta asustada incluso de las moscas".

"No lo será. María es una mujer fuerte y ella le dará una educación viril. Yo no soy un cobarde y yo le puedo dar ejemplos antropomorfos. Jesús es una criatura sin fallas físicas o morales. Él, por lo tanto, crecerá erguido y fuerte, tanto en cuerpo como en espíritu. Tú puedes estar seguro de eso, Alfeo.... Él no será una desgracia para la familia..... En cualquier caso, esto es lo que he decidido y eso es todo".

'Tal vez María lo ha decidido y tú... '

Y ¿si así fuera? ¿No es justo que dos personas que se aman, deban tener los mismos pensamientos y los mismos deseos, de modo que cada uno puede aceptar los deseos del otro, como si fueran los suyos propios? ... Si María deseara cosas tontas, yo le diría "No." Pero Ella está pidiendo algo que está lleno de sabiduría y estoy de acuerdo, y lo hago mío. Nos amamos, lo hacemos como lo hicimos el primer día, y vamos a seguir haciéndolo, siempre que vivamos. ¿Es eso cierto María?

-Sí, José. Y esperemos que nunca vaya a pasar, pero cuando uno debe morir sin el otro, todavía podemos seguir amándonos.

José le da a María una palmadita en la cabeza como si fuera una hija y ella lo mira con sus serenos ojos de amor.

"Tienes toda la razón', acuerda María de Alfeo. 'Me gustaría poder enseñar! Nuestros niños aprenden tanto el bien como el mal en la escuela. En casa, sólo aprenden lo que es bueno. Pero yo no sé si.... si María..."

'¿Qué es lo que quieres, mi cuñada? Habla libremente. Tú sabes que te amo y me siento feliz cuando puedo hacer algo que te guste".

-Estaba pensando.... Santiago y Judas son sólo un poco mayores que Jesús. Ellos ya van a la escuela.... por lo que ya han aprendido! .... Jesús en cambio, ya se sabe la ley tan bien.... me gustaría.... eh, quiero decir, ¿si te pido que los tomes también cuando Tú le enseñas a Jesús? Creo que ellos se comportarían mejor y tendrían una mejor educación. Después de todo, ellos son primos, y es justo que se amen unos a otros como hermanos. ¡Oh! Yo sería tan feliz! '

'Si José quiere, y tu marido está de acuerdo, estoy dispuesta. Es lo mismo hablar para uno que hablar para tres. Y es una alegría ir a través de toda la Biblia. "Que vengan".

Los tres niños, que habían llegado en silencio, están escuchando y esperando la decisión final.

'Ellos te llevarán a la desesperación, María', dice Alfeo.

'¡No! Ellos siempre son buenos conmigo. Seréis buenos si os enseño, ¿no? '

Los dos niños se acercan y de pie a cada lado de María, ponen sus brazos alrededor de sus hombros, inclinan sus pequeñas cabezas sobre sus hombros y la promesa de todo lo bueno en el mundo.

'Déjalos que lo intenten, Alfeo, y déjame intentarlo. Estoy segura de que no estarás satisfecho con el examen. Pueden venir todos los días desde el mediodía hasta la tardecita (18:00 de la tarde). Será suficiente, créeme. Yo sé cómo enseñarles sin cansarlos. Tú debes mantener tu atención y dejar que ellos se relajen al mismo tiempo. Debes entenderlos, amarlos y ser amado por ellos, si deseas obtener buenos resultados.... Y tú me amas, ¿no?

Y María recibe dos grandes besos en respuesta.

"¿Ves?"

-Ya veo. Sólo puedo decir: "Gracias". ¿Y qué dirá Jesús cuando vea a su mamá ocupada con los demás? ¿Qué dices, Jesús? '

"Yo digo: "Felices son los que la escuchan y construyen su vivienda cerca suyo". En cuanto a la Sabiduría, bienaventurados los que son amigos de mi Madre, y estoy feliz de que los que me encanta son sus amigos".

'Pero, ¿quién pone tales palabras en boca del Niño? pregunta Alfeo, atónito.

'Nadie, hermano. Nadie en este mundo".

Y así María se convierte en la Maestro de Jesús, Judas y Santiago y los tres niños, primos, crecen para amarse unos a otros como hermanos, creciendo juntos", como tres brotes con el apoyo de una polea" ....., Jesús es su discípulo exactamente igual que lo son sus primos. Y a través de esta apariencia de una vida normal, el "sello" se mantiene en secreto de Dios en contra de las investigaciones del Maligno.

www.ingramcontent.com/pod-product-compliance
Lightning Source LLC
Chambersburg PA
CBHW061333040426
42444CB00011B/2895